초등학생을 위한
표준 한국어
익힘책

학습 도구

3~4학년

초등학생을 위한

표준 한국어

익힘책

국립국어원 기획 | 이병규 외 집필

학습 도구

3~4학년

마리북스

발간사

국립국어원에서는 교육부 2012년 '한국어 교육과정' 고시에 따라 교육과정을 반영한 학교급별 교재 개발을 진행하였습니다. 이어서 2017년 9월에 '한국어 교육과정'이 개정·고시(교육부 고시 제2017-131호)됨에 따라 2017년에 한국어(KSL) 교재 개발 기초 연구를 수행하였고, 연구 결과를 바탕으로 초등학교 교재 11권, 중고등학교 교재 6권을 개발하여 2019년 2월에 출판하였습니다.

교재에 더하여 학교 현장에서 다문화가정 학생들의 한국어 의사소통 능력 및 학습 능력 함양에 보탬이 되고자 익힘책을 개발하게 되었습니다. 교재와의 연계성을 높인 내용으로 구성하여 말 그대로 익힘책을 통해 한국어를 더 잘 익힐 수 있도록 노력하였습니다. 더불어 익힘책의 내용을 추가 반영한 지도서를 함께 출판하여 현장에서 애쓰시는 일선 학교 담당자들과 선생님들에게도 교재 사용의 길라잡이를 제공하고자 하였습니다.

'다문화'라는 말이 더 이상 낯설지 않은 한국 사회에서 다문화가정 학생들이 한국 사회 구성원으로서의 정체성 함양에 밑거름이 되는 한국어 능력을 기르는 데《초등학생을 위한 표준 한국어》가 도움이 되기를 바랍니다. 국립국어원에서는 이제껏 그래왔듯이 교재 개발 결과가 현장에서 보다 잘 활용될 수 있도록 돕기 위하여 교재 개발은 물론 교원 연수 등을 통해 지속적으로 다문화가정 학생들의 한국어 능력 향상을 위해 노력하겠습니다.

끝으로 3년간《초등학생을 위한 표준 한국어》교재와 익힘책, 지도서 개발과 발간을 위해 애써 주신 교재 개발진과 출판사에 깊은 감사의 말씀을 드립니다.

2020년 1월
국립국어원장 소강춘

머리말

　새로 발행되는 《초등학생을 위한 표준 한국어 익힘책》은 2019년에 개정되어 출판된 《초등학생을 위한 표준 한국어》와 함께 사용하는 보조 교재입니다. 본교재로서 《초등학생을 위한 표준 한국어》는 고학년과 저학년의 학령과 숙달도에 맞게 각 4권, 총 8권으로 출판된 〈의사소통 한국어〉 교재와 세 학년군, 세 권 책으로 분권 출판된 〈학습 도구 한국어〉 교재를 통해 초등학생들의 한국어(KSL) 학습의 바탕이 되고 있습니다. 익힘책 교재는 이들 교재와 긴밀하게 연계된 단원 구성을 가지고 있으며, 본교재의 한국어(KSL) 학습 내용을 다시 떠올리고 관련된 연습 활동을 충분히 수행할 수 있도록 구성되었습니다.

　〈초등학생을 위한 표준 한국어 의사소통 익힘책〉은 〈의사소통 한국어〉 교재와 연계되어 있으며 일상생활과 학교생활의 다양한 장면 속에서 어휘와 문법을 연습할 수 있도록 편찬되었습니다. 무엇보다도 〈의사소통 한국어〉 본단원에서 학습한 목표 어휘와 문법을 다양한 상황에 따라 사용할 수 있고 말하고, 듣고, 읽고 쓰는 주요한 언어 기능의 통합적 사용을 되새기며 연습할 수 있도록 하는 활동이 주요하게 제시되었습니다. 〈학습 도구 한국어〉 교재와 연계된 〈초등학생을 위한 표준 한국어 학습 도구 익힘책〉은 교실 수업과 교과 학습 상황에 필요한 주요한 어휘와 학습 개념을 복습하고 활용하는 내용들로 채워져 있습니다. 본단원에서 제시된 학습 도구 어휘, 교과 연계적 개념과 기능들을 특히 읽기와 쓰기의 문식성 활동들을 통해 되새기고 연습할 수 있도록 합니다.

　2019년에 개정 출판되었던 《초등학생을 위한 표준 한국어》 교재와 마찬가지로, 새로 출판되는 《초등학생을 위한 표준 한국어 익힘책》 역시 초등학생 학습자와 초등 교육 현장의 특성을 충분히 이해하고 반영하려는 여러 노력들을 바탕으로 한 것입니다. 익힘책 편찬에서는 교실에서의 학습 조건이나 교재를 활용하는 다양한 환경이 많이 고려되었습니다. 학습자와 교사 모두가 본교재에 접근하는 데에 실질적인 도움을 얻고 어려움을 덜 수 있도록 익힘책이 보조하도록 하였습니다.

　《초등학생을 위한 표준 한국어 익힘책》 편찬을 위해 많은 관심과 지원을 아끼지 않은 국립국어원 소강춘 원장님을 비롯한 관계자 여러분께 감사드립니다. 본교재와 더불어 익힘책 교재로 이어졌던 고된 집필을 마무리하기까지, 노력과 진심을 다해 주신 연구 집필진 선생님들께, 그리고 마리북스 정은영 대표를 비롯한 출판에 도움을 주신 많은 분들께도 감사의 마음을 전합니다.

2020년 1월
연구 책임자 이병규

〈학습 도구 한국어 익힘책 3~4학년〉은 《초등학생을 위한 표준 한국어》 중 〈학습 도구 한국어 3~4학년〉과 함께 사용합니다. 익힘책은 〈학습 도구 한국어 3~4학년〉의 각 단원 1차시~3차시 내용과 연계된 총 3차시 분량의 연습 문항들로 이루어져 있습니다. 〈학습 도구 한국어 3~4학년〉에서 배웠던 학습 어휘 및 학습 개념을 복습하고 활용할 수 있는 활동들로 구성하였습니다.

단원명
〈학습 도구 한국어〉 연계 단원입니다.

차시명
〈학습 도구 한국어〉 연계 차시입니다. 1차시~3차시가 연계됩니다. 연계된 본문의 쪽수가 표시됩니다.

익힘책 주요 활동
익힘책의 주요 활동입니다. '어려운 말 익히기', '부엉이 선생님 또 보기', '표현해 보기' 세 가지 활동이 단원에 따라 제시됩니다.

4

같으면서 달라요

- 어려운 말 익히기
- 부엉이 선생님 또 보기
- 표현해 보기

● 공통점과 차이점을 찾는 활동 이해하기 〈학습 도구 한국어〉 52~53쪽

> **어려운 말 익히기:** 공통점, 차이점

1. 그림을 보고 빈칸에 알맞은 낱말을 써 봅시다.

사과와 배는 과일이라는 ☐☐☐ 이 있다. 사과는 빨간색이고

배는 노란색이라는 ☐☐☐ 도 있다.

2. 보기 와 같이 문장을 만들어 봅시다.

> **보기**
>
> 장미 + 무궁화 + 공통점 → 장미와 무궁화는 공통점이 있다.
> 장미 + 무궁화 + 차이점 → 장미와 무궁화는 차이점이 있다.

① 두발자전거 + 외발자전거 + 공통점

→ _____

② 벽시계 + 손목시계 + 차이점

→ _____

28 ● 학습 도구 한국어 익힘책 3~4학년

어려운 말 익히기

학습 도구 어휘의 복습 활동입니다. 〈학습 도구 한국어〉의 '어려운 말이 있어요? 확인해 봐요.'에서 제시된 예문 및 내용과 연계됩니다. 의미와 용법을 떠올리고 따라 씁니다.

어려운 말 익히기

학습 도구 어휘의 복습 활동입니다. 〈학습 도구 한국어〉 본문 중 파란색으로 표시되어 나오는 어휘 내용과 연계됩니다. 의미와 용법을 떠올리고 따라 씁니다.

 어려운 말 익히기: 이동 수단

3. 파란색으로 표시된 낱말의 의미를 생각하며 따라 써 봅시다.

①

	자	전	거	와		버	스	는		이	동
수	단	이	다	.							

②

	이	동		수	단	에	는		기	차	와
비	행	기	도		있	다	.				

4. 빈칸에 알맞은 낱말을 골라 써 봅시다.

공통점   이동 수단   차이점

① 책과 공책의 (   )을 찾아봐.

   책과 공책은 모두 네모 모양이야.

② 지하철과 버스의 공통점은 뭐야?

   둘 다 (   )이야.

③ 벽시계와 손목시계의 (   )은 뭐야?

   벽시계는 크기가 크고, 손목시계는 크기가 작아.

4. 같으면서 달라요 • 29

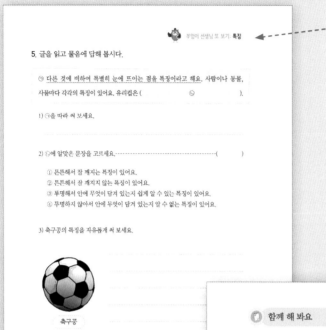

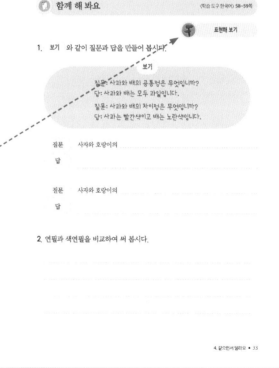

부엉이 선생님 또 보기

〈학습 도구 한국어〉 본문의 '부엉이 선생님' 내용과 연계됩니다. 차시 주제에 맞는 주요한 학습 개념을 떠올리고 내용을 따라 씁니다. 학습 개념을 활용하는 학습 문제를 풀기도 합니다.

표현해 보기

〈학습 도구 한국어〉에서 배운 어휘나 표현을 사용해서 문장을 만들거나 완성하는 연습을 합니다. 대화를 완성하는 연습을 하기도 합니다. 특히 익힘책의 '함께 해 봐요' 차시에 주로 제시되는 활동입니다.

차례

주변을 살펴봐요

• 어려운 말 익히기
• 부엉이 선생님 또 보기
• 표현해 보기

 궁금한 것을 관찰 주제로 정하여 발표하기 〈학습 도구 한국어〉 16~17쪽

 어려운 말 익히기: 주제

1. 빨간색으로 표시된 낱말의 의미를 생각하며 따라 써 봅시다.

	대	화	나		탐	구		등	에	서		중
심	이		되	는		생	각	이		주	제	이
다	.	주	제	를		정	해	서		탐	구	를
하	거	나		여	러		가	지		주	제	로
대	화	를		나	눌		수		있	다	.	

2. 빈칸에 알맞은 말을 골라 써 봅시다.

주제로   주제와   주제를

① 그것은 대화의 (   ) 상관이 없다.

② 나는 병원을 (   ) 글을 썼다.

③ 새로운 관찰 (   ) 가지고 친구와 이야기를 나누었다.

3. 다음은 오딜이 발표한 내용이에요. 잘 읽고 물음에 답해 봅시다.

> 저는 소리가 전달되는 모습이 궁금했습니다. 그래서 음악 소리가 나는 스피커의 모습을 관찰했습니다. 스피커에서 음악 소리가 날 때 먼저 눈으로 자세히 살펴보고, 그다음에는 손으로 만져 보기도 했습니다. 소리가 날 때 스피커가 조금 흔들리며 움직인다는 것을 알게 되었습니다.

1) 오딜이 스피커를 관찰해서 알게 된 것을 찾아 써 보세요.

오딜은 _____

_____ 것을 알게 되었다.

2) 오딜이 관찰한 과정을 순서대로 써 보세요.

① 먼저 _____ .

② 그다음에는 _____ .

4. 다음 낱말들을 이용해서 그림을 관찰하고 써 봅시다.

실 전화기   보이다   있다

_____

_____

_____

_____

5. 자음자에 알맞은 낱말을 써 봅시다.

 오늘 과학 시간에는 무엇이 꼭 있어야 해요?

 종이컵과 실이 (ㅍ ㅇ)해요.

 그래요. 실 전화기를 만들 거예요. 그래서 색종이와 가위도 (ㅍ ㅇ)해요.

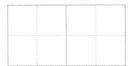

 표현해 보기

6. 알맞은 낱말을 자유롭게 골라서 대화를 완성해 봅시다.

| 궁금하다 | 어렵다 | 많다 | 찾다 | 설명하다 | 생각하다 | 보다 |

빈센트: 관찰 주제는 정했어?

장위: 아니, 아직 정하지 못했어. 왜냐하면 _____

_____ .

빈센트: 그럼 먼저 선생님께 여쭤보는 것이 어때?

장위: 그래, 선생님께 여쭤봐야겠다.

여러 가지 관찰 방법 알아보기

 어려운 말 익히기: 생김새, 도구, 대상

1. 낱말과 알맞은 의미를 연결하고 따라 써 봅시다.

대상 • • 겉으로 보이는 어떠한 모습

도구 • • 어떤 일을 쉽게 잘할 수 있도록 도와주는 물건

생김새 • • 어떤 일을 할 때 목표가 되는 사람이나 물건

2. 빈칸에 알맞은 말을 골라 써 봅시다.

대상은   도구로   생김새를

① 장위: 매미는 어떤 모습이야? 어떻게 생겼어?

빈센트: 매미의 (   ) 인터넷에서 찾아보자.

② 장위: 과학 시간에는 곤충을 관찰해 보기로 했어.

빈센트: 그래, 우리 모둠의 관찰 (   ) 곤충이야.

③ 장위: 이것은 너무 작아서 잘 보이지 않아.

빈센트: 그럼 돋보기를 (   ) 이용하면 돼.

3. 알맞은 것을 골라 ○표 해 봅시다.

① 청소를 할 때는 빗자루나 걸레와 같은 청소 (도구가/자료가) 필요하다.

② 거미의 (움직임은/생김새는) 긴 다리가 있는 모습이다.

③ 장위는 주변의 곤충을 관찰 (방법으로/대상으로) 정했다.

4. 알맞은 말을 골라 문장을 완성해 봅시다.

> 글씨를 쓰다   등에 껍데기가 있다   크기가 작다

① 선생님: 연필은 어떤 도구예요?

빈센트: 연필은 <u>글씨를 쓰는</u> 도구입니다.

② 선생님: 돋보기는 어떤 대상을 관찰할 때 사용해요?

빈센트: 돋보기는 _____ 대상을 관찰할 때 사용합니다.

③ 선생님: 달팽이의 어떤 생김새를 가지고 있어요?

빈센트: 달팽이는 _____ 모습입니다.

어려운 말 익히기: 방법

5. 빈칸에 공통으로 들어갈 낱말을 써 봅시다.

| 관찰 | ㅂ | ㅂ | 공부 | | |
| 사용 | | | 조사 | | |

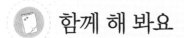 **함께 해 봐요**

 표현해 보기

1. 빈칸에 알맞은 말을 〈학습 도구 한국어〉 22쪽에서 찾아 써 봅시다.

> 선생님: 말을 두 개씩 가져요. 그리고 놀이 순서를 정할게요.
>
> 장위: 가위바위보를 했어요. 제가 이겨서 먼저 해요.
>
> 선생님: 이제 고누판을 잘 보세요.
>
>   맨 처음에는 _____.
>
> 장위: 말은 어떻게 움직여요?
>
> 선생님: 말은 한 칸씩 움직여요.
>
>   순서대로 말을 움직이다가 _____
>
>   이기는 것이에요.

2. 고누 놀이의 맨 처음과 끝 모습이에요. 빈칸에 알맞은 말을 써 봅시다.

고누판	맨 처음	끝

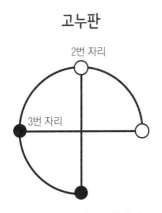 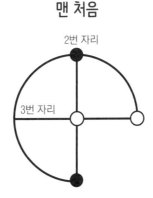 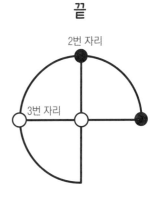

2번과 3번 자리에서만 시작할 수 있어요.

흰색 말이 2번 자리에서 먼저 (   ) 움직였어요. 그다음에 검은색 말이 3번 자리에서 (   ) 갔어요.

결국 (   )이 이겼어요. 검은색 말은 이제 더 움직일 수 없어요.

2 그럴 줄 알았어

- 어려운 말 익히기
- 부엉이 선생님 또 보기
- 표현해 보기

🔍 낱말의 뜻을 생각하며 글을 읽기

〈학습 도구 한국어〉 28~29쪽

 어려운 말 익히기: 짐작, 어떠한(어떠하다)

1. 낱말의 의미를 읽고 물음에 답해 봅시다.

낱말	의미
짐작	무엇일 것 같다, 무엇이 될 것 같다 등으로 생각해 보는 것
어떠하다	모양, 상태, 상황 등이 이렇게 혹은 저렇게 되어 있다.

1) 짐작하는 말을 **보기** 와 같이 써 보세요.

보기

기분이 좋다 + 활짝 웃고 있다
→ 친구는 <u>기분이 좋은 것 같아요.</u>
<u>왜냐하면</u> 활짝 웃고 있어요.

배가 아프다 + 얼굴을 찡그리면서 배를 만지고 있다

→ 친구는 ....

.... 얼굴을 찡그리면서 배를 만지고 있어요.

2) 빈칸에 알맞은 말을 골라 쓰세요.

> 어떠한   어떠한지

① 운동과 건강의 관계가 (   ) 알고 있니?

② 이곳에 (   ) 위험이 있는지 알 수 없다.

> 어려운 말 익히기: 뜻, 밑줄을 긋고(밑줄을 긋다), 내용

2. 알맞은 말을 골라 문장을 완성해 봅시다.

> 밑줄을 긋고   뜻을 찾았다

① 국어사전에서 낱말의 _____ .

② 연필을 사용하여 낱말에 _____, 그 낱말을 써 보았다.

3. 빈칸에 공통으로 들어갈 낱말을 쓰세요. 그리고 다음 말 중에서 하나를 골라 문장을 만들어 봅시다.

> 편지의 ㄴ ㅇ   교과서의 ☐ ☐
> 연설의 ☐ ☐   대화의 ☐ ☐

① 공통으로 들어가는 낱말: ☐ ☐

② 문장 만들기

_____

_____

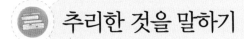 **추리한 것을 말하기**

〈학습 도구 한국어〉 30~33쪽

 어려운 말 익히기: 파악, 비추어(비추다)

1. 빨간색으로 표시된 말의 의미를 생각하며 따라 써 봅시다.

나	는		이	런		일	을		이	미
경	험	했	다	.		경	험	에		비	추	어
보	면	서		이		일	을		설	명	할
수		있	었	다	.

2. 빈칸에 알맞은 말을 골라 써 봅시다.

> 파악이   파악하였다

① 인원 (   ) 모두 끝났다.

② 텔레비전 뉴스를 보고 태풍이 지나간 마을의 상황을 (   ).

3. 빈칸에 공통으로 들어갈 말을 써 봅시다.

> 어떤 것을 파악할 때는 무엇에 비교하거나 서로 어떤 관계가 있는지를 잘 생각해 볼 수 있어요. 그러면서 "그 행동에 (   ) 보았다." 또는 "여러 가지 사실에 (   ) 보았다."라고 말할 수 있어요.
>
> | | | |
> |---|---|---|
> | | | |

4. '추리'가 무엇인지 설명하는 글이에요. 잘 읽고 물음에 답해 봅시다.

> '추리'는 무슨 일이 있었는지, 누가 어떤 일을 했는지 등을 짐작하는 것이다. 추리를 할 때는 내가 본 것, 경험한 것, 알고 있는 것 등을 모두 잘 생각해 봐야 한다. 무엇을 혹은 무엇에 대하여 '추리를 하다', '추리하다'와 같이 두 가지 표현으로 말할 수 있다.

1) 추리를 할 때 잘 생각해 봐야 하는 것에는 무엇이 있는지 써 보세요.

_____

2) 빈칸에 들어갈 알맞은 말을 연결해 보세요.

엠마가 아까 (   )
내용을 들어 보자.   •   •   추리할

앞으로 무엇을 (   ) 때는 먼저
무슨 일이 있었는지 잘 살펴봐야 한다.   •   •   추리한

5. 추리할 때 하는 말과 추리하는 방법을 연결해 봅시다.

"창문이 열려 있어.
화분은 떨어져서 깨져 있어.
조금 떨어진 곳에
개의 발자국이 있네."   •   •   겪은 일이나
아는 내용에
비추어 보기

"전에도 그런 적이 있었어.
뽀삐는 할아버지를 좋아해.
그래서 할아버지를 찾아
뛰어다닐 때가 많아."   •   •   자세히 살펴보며
상황 파악하기

6. 추리하면서 대화를 나누고 있어요. 빈칸에 알맞은 말을 써 봅시다.

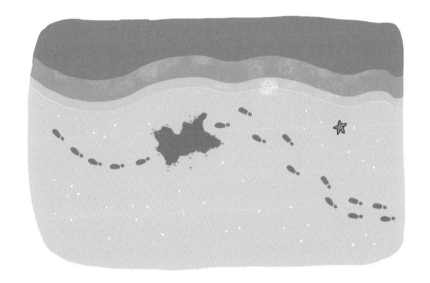

 먼저 발자국의 모양을 잘 살펴봐야 해.

 그래, 처음에는 걷는 모양, 다음에는 뛰는 모양이야.

 뛰다가 _____ 같아.

 그래. 넘어진 것을 짐작할 수 있어. 왜냐하면 모래가 막 흩어져 있어.

 그다음 발자국의 모양을 봐.

 왼쪽 발자국만 있어. 아, 한쪽 발로만 _____.

 그래, 그런 것 같다.

 한쪽 다리를 다쳤나 봐.

 응, 넘어져서 다친 것을 짐작할 수 있어.

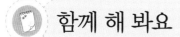
 표현해 보기

1. 물음표 칸에 들어갈 숫자를 찾고 있어요. 다음 글을 읽고 질문에 답해 봅시다.

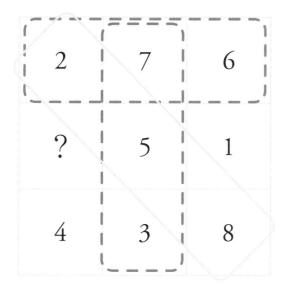

가로줄에 있는 숫자 네 개를 더하고 세로줄에 있는 네 개의 숫자들도 더해 본다. 대각선에 있는 숫자들도 더해 본다. 더한 값은 15로 모두 같다. 이렇게 가로줄, 세로줄, 대각선에 있는 숫자들을 더한 값이 같아지도록 숫자를 찾으면 된다.

1) 첫째 가로줄에는 어떤 숫자들이 있어요? 문장을 완성해서 답해 보세요.

   첫째 가로줄에는 _____ .

2) 물음표 칸에는 어떤 숫자가 들어가요? 대답하는 말을 문장으로 써 보세요.

---

2. 숫자판을 보면서 엠마와 장위가 나눈 대화를 완성해 봅시다.

엠마: 물음표 칸이 있는 세로줄에서 2와 4를 먼저 (   ) 6이 나와.

장위: 이제 15에서 6을 (   ) 물음표 칸의 숫자를 찾을 수 있어.

3 먼저 계획해요

- 어려운 말 익히기
- 부엉이 선생님 또 보기
- 표현해 보기

 글로 쓸 내용을 적은 계획표 알아보기 〈학습 도구 한국어〉 40~41쪽

 어려운 말 익히기: 계획을 세우면(계획을 세우다), 경험

1. 빨간색으로 표시된 말의 의미를 생각하며 따라 써 봅시다.

①
글	을		어	떻	게		쓸	지		계
획	을		세	웠	다	.				

②
여	행	을		가	서		떡		만	들
기	를		경	험	했	어	.			

2. 보기 와 같이 문장을 만들어 봅시다.

보기

글쓰기 계획 + 세우다 → 글쓰기 계획을 세웠다.

① 여행 계획 + 세우다

→ _____

② 여름 방학 계획 + 세우다

→ _____

3. 의미에 알맞은 낱말과 문장을 연결해 봅시다.

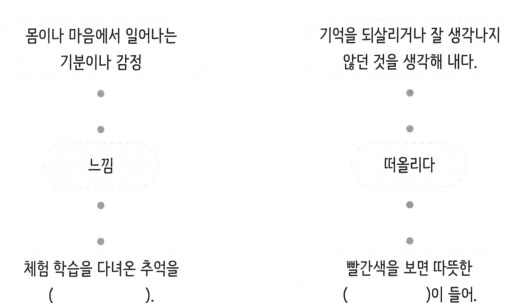

몸이나 마음에서 일어나는
기분이나 감정

기억을 되살리거나 잘 생각나지
않던 것을 생각해 내다.

느낌

떠올리다

체험 학습을 다녀온 추억을
(   ).

빨간색을 보면 따뜻한
(   )이 들어.

4. 빈칸에 알맞은 말을 골라 써 봅시다.

느낌   떠올랐어

① 생일 선물로 담요를 선물 받았어.

담요를 만져 보니 포근한 (   )이 들어.

② 표정이 왜 그래?

갑자기 작년 같은 반 친구들과의 추억이 (   ).

친구들이 많이 보고 싶겠구나.

5. 글쓰기 계획표를 보고 물음에 답해 봅시다.

언제	20○○년 ○○월 ○○일
어디에서	경복궁
누구와	우리 반 친구들
무슨 일	㉡
㉠	친구들과 함께 체험 학습을 오니 기분이 좋았다.

1) ㉠에 알맞은 말을 써 보세요.

2) ㉡에 알맞은 것에 ○표 해 보세요.

① 경복궁을 보고 우리 궁궐이 자랑스러웠다.	
② 경복궁에 관해 더 관심을 가져야겠다고 생각했다.	
③ 경복궁의 대문인 광화문과 왕이 일을 하던 근정전을 보았다.	

3) 그림을 보고 표를 완성해 보세요.

어디에서	남산골 한옥마을
무슨 일	
생각이나 느낌	

조사할 내용을 적은 계획표 살펴보기

〈학습 도구 한국어〉 42~45쪽

 어려운 말 익히기: 조사, 다양한(다양하다), 주의

1. 의미에 알맞은 낱말을 연결하고 따라 써 봅시다.

마음에
새겨 두고 조심함. • • 조사

색깔, 모양, 종류, 내용 등이
여러 가지로 많다. • • 다양하다

어떤 일이나 사물의 내용을 알기
위하여 자세히 살펴보거나 찾아봄. • • 주의

2. 빈칸에 공통으로 들어갈 말을 쓰고 읽어 봅시다.

① 강의 모습이 왜 다른지 (㉠   )해 보자.
궁금한 것이 생겼을 때는 (㉠   )를 해요.   ㉠

② (㉡   ) 종류의 사탕이 있어서 고르기가 어려워.
(㉡   ) 자료를 찾아 바닷가 주변의 모습에
대해 알아보자.   ㉡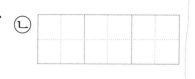

③ 과학 실험을 하기 전에 (㉢   )할 점을 읽어 보았다.
바닥이 미끄러우니 넘어지지 않도록 (㉢   )
하시기 바랍니다.   ㉢

3. 그림을 보고 빈칸에 알맞은 낱말을 써 봅시다.

①

강 상류는 ☐☐☐ 이 빨라.

②

강 ☐☐☐ 에 모래가 많아.

4. 보기 와 같이 문장을 만들어 봅시다.

보기

바닷가 주변의 모습 + 알아보다

→ 바닷가 주변의 모습에 대해 알아봤어요.

① 강 상류의 모습 + 알아보다

→ -------------------------------

② 갯벌 + 알아보다

→ -------------------------------

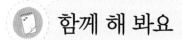 함께 해 봐요

 표현해 보기

1. 묻고 답하기 놀이를 하고 있어요. 대화를 읽고 물음에 답해 봅시다.

> 다니엘: 유키, _____ ㉠ _____?
> 유키: 글쓰기 계획을 세웠어.
> 다니엘: 과학관에서 무슨 일이 있었니?
> 유키: 친구들하고 지진 체험을 했어.
> 다니엘: 어떤 생각이나 느낌이 들었어?
> 유키: _____ ㉡ _____.

1) ㉠에 알맞은 문장을 고르세요. --------------------------------------(   )

   ① 무엇을 조사했니?   ② 무슨 일이 있었니?

   ③ 무슨 계획을 세웠니?   ④ 체험 학습은 어디로 갔니?

2) ㉡에 알맞은 문장에 ○표 해 보세요.

① 지진 피해를 입은 사람들의 사진을 보았어.	
② 지진이 나면 어떻게 해야 할지 알게 되어 뿌듯했어.	

2. 위의 대화를 다시 읽고 글쓰기 계획표를 완성해 봅시다.

어디에서	과학관
무슨 일	
생각이나 느낌	지진이 나면 어떻게 해야 할지 알게 되어 뿌듯했다.

4 같으면서 달라요

• 어려운 말 익히기
• 부엉이 선생님 또 보기
• 표현해 보기

공통점과 차이점을 찾는 활동 이해하기 〈학습 도구 한국어〉 52~53쪽

 어려운 말 익히기: 공통점, 차이점

1. 그림을 보고 빈칸에 알맞은 낱말을 써 봅시다.

사과와 배는 과일이라는 ⬚⬚⬚ 이 있다. 사과는 빨간색이고

배는 노란색이라는 ⬚⬚⬚ 도 있다.

2. 보기 와 같이 문장을 만들어 봅시다.

보기

장미 + 무궁화 + 공통점 → 장미와 무궁화는 공통점이 있다.
장미 + 무궁화 + 차이점 → 장미와 무궁화는 차이점이 있다.

① 두발자전거 + 외발자전거 + 공통점

→ _____

② 벽시계 + 손목시계 + 차이점

→ _____

3. 파란색으로 표시된 낱말의 의미를 생각하며 따라 써 봅시다.

① 자전거와 버스는 이동 수단이다.

② 이동 수단에는 기차와 비행기도 있다.

4. 빈칸에 알맞은 낱말을 골라 써 봅시다.

공통점　　　이동 수단　　　차이점

① 책과 공책의 (　　　　　　)을 찾아봐.

책과 공책은 모두 네모 모양이야.

② 지하철과 버스의 공통점은 뭐야?

둘 다 (　　　　　　)이야.

③ 벽시계와 손목시계의 (　　　　　　)은 뭐야?

벽시계는 크기가 크고, 손목시계는 크기가 작아.

차이점을 확인하며 사물을 살펴보기

〈학습 도구 한국어〉 54~57쪽

 어려운 말 익히기: 비교, 쓰임새

1. 빨간색으로 표시된 낱말의 의미를 생각하며 따라 써 봅시다.

①

유	리	컵	과		금	속		컵	을
비	교	했	다	.					

②

금	속	은		튼	튼	해	서		쓰	임
새	가		많	아	.					

2. 빈칸에 알맞은 낱말을 골라 써 봅시다.

비교   쓰임새

나무는 (   )가 많다.

이 사과는 다른 사과와 (   )도
안 될 만큼 크다.

3. 문장에 알맞은 낱말을 연결하고 따라 써 봅시다.

가위를 (   )해서 종이를 잘랐다. •   • 유리

떡볶이는 매콤한 맛이 (   )이다. •   • 사용

떡볶이의 (   )는 떡과 어묵이다. •   • 특징

　　　　날아온 야구공에
　　(   ) 창문이 깨졌다. •   • 재료

4. 그림을 보고 빈칸에 알맞은 낱말을 써 봅시다.

유리컵은 물을 마실 때 [   ]합니다. 유리컵의 [   ]는

유리입니다. 유리컵은 잘 깨진다는 [   ]이 있습니다.

5. 글을 읽고 물음에 답해 봅시다.

> ㉠ 다른 것에 비하여 특별히 눈에 뜨이는 점을 특징이라고 해요. 사람이나 동물,
> 사물마다 각각의 특징이 있어요. 유리컵은 (㉡   ).

1) ㉠을 따라 써 보세요.

----

2) ㉡에 알맞은 문장을 고르세요.--(   )

　　① 튼튼해서 잘 깨지는 특징이 있어요.
　　② 튼튼해서 잘 깨지지 않는 특징이 있어요.
　　③ 투명해서 안에 무엇이 담겨 있는지 쉽게 알 수 있는 특징이 있어요.
　　④ 투명하지 않아서 안에 무엇이 담겨 있는지 알 수 없는 특징이 있어요.

3) 축구공의 특징을 자유롭게 써 보세요.

축구공

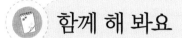 **함께 해 봐요**

〈학습 도구 한국어〉 58~59쪽

 표현해 보기

1. 보기 와 같이 질문과 답을 만들어 봅시다.

보기

> 질문: 사과와 배의 공통점은 무엇입니까?
> 답: 사과와 배는 모두 과일입니다.
>
> 질문: 사과와 배의 차이점은 무엇입니까?
> 답: 사과는 빨간색이고 배는 노란색입니다.

질문　　사자와 호랑이의 _____

답　　_____

질문　　사자와 호랑이의 _____

답　　_____

2. 연필과 색연필을 비교하여 써 봅시다.

_____

_____

_____

_____

5 의견을 나누어요

- 어려운 말 익히기
- 부엉이 선생님 또 보기
- 표현해 보기

수학적 문제 해결하기

〈학습 도구 한국어〉 64~65쪽

 어려운 말 익히기: 구했어(구하다), 해결

1. 의미에 알맞은 낱말을 연결하고 빈칸에 써 봅시다.

문제에 대한 답이나 수, 양을 알아내다. •   • 구하다

사건이나 문제, 일 등을 잘 처리해 끝을 냄. •   • 해결

2. 빈칸에 알맞은 말을 골라 써 봅시다.

해결   구해   구하려면

① 5000원을 내고 공책 3권을 사면 거스름돈이 얼마인지 (   ) 보세요.

② 친구와의 다툼은 스스로 (   )해야 해.

③ 답을 (   ) 어떻게 해야 할까요?

3. 앞에 나오는 말을 사용하여 문장을 완성해 봅시다.

① **해결**   엠마는 어떤 방법으로 문제를 _____?

먼저 2칸짜리 직사각형 조각 6개를 놓고, 남은 부분에 3칸짜리 직사각형 조각을 놓아서 해결해요.

② **구했어**   두 가지 모양 조각을 사용해서 색칠된 부분에 겹치지 않게 덮어야 해. 어떻게 하면 좋을까?

나는 이런 방법으로 _____.

어려운 말 익히기: 풀고(풀다)

4. 파란색으로 표시된 말의 의미를 생각하며 따라 써 봅시다.

| 엠 | 마 | 가 | | 먼 | 저 | | 문 | 제 | 를 | | 풀 |
| 고 | , | | 방 | 법 | 을 | | 가 | 르 | 쳐 | | 주 | 었 | 다 | . |

5. 보기 와 같이 문장을 만들어 봅시다.

보기

리암 + 시험지의 문제 + 풀다
→ 리암이 시험지의 문제를 풀었다.

① 리암 + 암호 + 풀다

→ _____

② 다니엘 + 수학 문제집 + 풀다

→ _____

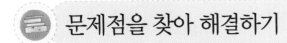

문제점을 찾아 해결하기

〈학습 도구 한국어〉 66~69쪽

 어려운 말 익히기: 문제점, 제시, 의견을 나누고(의견을 나누다)

1. 밑줄 그은 말을 따라 써 봅시다.

① 이 그림의 <u>문제점</u>이 무엇일까?

무엇이 문제인지 같이 찾아볼까?

② 여러분의 의견을 적극적으로 <u>제시</u>해 주세요.

준서가 <u>제시</u>한 의견을 보충하겠습니다.

③ 우리 모둠은 어떤 주제를 정해서 발표할까?

우선 함께 <u>의견을 나누어</u> 보자.

2. 어울리는 것끼리 연결해 봅시다.

우리가 만든 놀이에서 •

선생님께서 새로운 문제를 •

학예회 공연으로 무엇을 할지
학급 회의에서 •

• 제시해 주셨어요.

• 문제점을 찾았어.

• 의견을 나누었다.

 어려운 말 익히기: 교통수단

3. 국어사전의 내용을 읽고 자음자에 알맞은 낱말을 써 봅시다.

ㄱㅌㅅㄷ 차, 기차, 배, 비행기 등과 같이
사람이나 짐을 실어 나르는 수단

㉠ 출근할 때 어떤 □□□□을 이용하세요?

4. 그림을 보고 빈칸에 공통으로 들어갈 말을 써 봅시다.

옛날의

오늘날의

5. 다음 문장을 따라 써 봅시다.

	토	의	란		문	제	의		해	결		방
안	을		찾	기		위	해		의	견	을	
나	누	는		의	사	소	통		방	법	이	에
요	.											

6. 대화를 읽고 물음에 답해 봅시다.

> 자, 그럼 우리 모둠은 어떤 주제로 (㉠)를 해 볼까?
>
> (㉠)의 주제는 여러 사람이 함께 생각해 봐야 하고 관심 있는 주제로 정해야 해.
>
> 그럼 "＿＿＿＿＿＿㉡＿＿＿＿＿＿"는 어때?
>
> 좋은 생각이야.

1) ㉠에 알맞은 낱말을 써 보세요.

2) ㉡에 알맞은 주제를 골라 보세요. --(   )

① 준서와 다니엘 중 누가 더 멋있을까?

② 친구에게 실수했을 때 사과를 해야 할까?

③ 우리 집 강아지 산책을 언제 시켜야 할까?

④ 공기 오염 문제를 해결하려면 어떻게 해야 할까?

함께 해 봐요

〈학습 도구 한국어〉 70~71쪽

표현해 보기

1. 보기 와 같이 문장을 만들어 써 봅시다.

보기

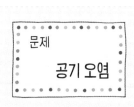

| 문제 |
| 공기 오염 |

| 해결책 | 대중교통 이용하기 |

→ 공기 오염 문제를 해결하려면 대중교통을 이용해야 해.

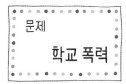

| 문제 |
| 학교 폭력 |

| 해결책 친구들에게 |
| 고운 말을 쓰고 아껴 주기 |

→

2. 문제에 어울리는 해결책을 찾아 연결해 봅시다.

공기 오염 문제를 해결하려면
어떻게 해야 할까?

초등학교 안전사고 문제를
해결하려면 어떻게 해야 할까?

스마트폰(휴대 전화) 중독 문제를
해결하려면 어떻게 해야 할까?

학교 폭력 문제를 해결하려면
어떻게 해야 할까?

친구들을 따돌리지 않고
사이좋게 지내야 해.

시간을 정해 놓고 휴대
전화를 사용해야 해.

위험한 물건으로
장난하지 말아야 해.

자동차 이용을 줄이고
자전거를 이용해야 해.

6 수행 평가 하는 날

- 어려운 말 익히기
- 부엉이 선생님 또 보기
- 표현해 보기

여러 가지 방법으로 평가하기

〈학습 도구 한국어〉 76~77쪽

어려운 말 익히기: 되돌아보기(되돌아보다), 고르세요(고르다)

1. 그림을 보고 빈칸의 말을 따라 써 봅시다.

①

웃는 얼굴 모양을
고	르	세	요.

②

서영이는 오늘 학교에서 공부한 내용을
되	돌	아	봐	요.

2. 보기 와 같이 주어진 낱말을 여러 가지 모습으로 바꿔 써 봅시다.

보기

자르다

선생님: 색종이를 반으로 <u>자르세요</u>.

학생: 선생님, 다 <u>잘랐어요</u>.

선생님: <u>자른</u> 색종이를 반으로 접어 보세요.

고르다

선생님: 이 중에서 읽고 싶은 책을 ＿＿＿＿＿＿＿＿＿＿.

학생: 선생님, 다 ＿＿＿＿＿＿＿＿＿＿.

선생님: 각자 ＿＿＿＿＿＿＿＿＿ 책을 읽어 볼까요?

3. 국어사전의 내용을 읽고 자음자에 알맞은 낱말을 써 봅시다.

> **ㅍ ㄱ** 사물의 값이나 가치, 수준 등을 헤아려 정함.
> ㉠ 미술 시간에 친구의 작품을 □□해 보았다.

4. 문장을 듣고 써 봅시다.

_____

_____

 부엉이 선생님 또 보기: **수행 평가**

5. 다음 문장을 따라 써 봅시다.

배	운		내	용	을		확	인	하	는
것	을		수	행		평	가	라	고		해	요 .

6. 내가 해 본 적이 있는 수행 평가에 ○표 해 봅시다.

> 시험지 풀기   과학 실험 결과 쓰기
>
> 스스로 평가하기   보고서 쓰기
>
> 친구 작품에 스티커 붙여 평가하기   만들기
>
> 그림 그리기   멀리뛰기

수행 평가 과정 익히기

〈학습 도구 한국어〉 78~81쪽

어려운 말 익히기: 과정, 범위, 태도, 나타나게(나타나다)

1. 문장에 알맞은 낱말을 연결하고 따라 써 봅시다.

오늘 수업 (   )가 좋아서
선생님께 칭찬을 받았어요.   •   • 범위

부모님은 결과보다는 (   )이
중요하다고 하셨어.   •   • 태도

시험 (   )는 2~3단원이에요. •   • 과정

2. 빈칸에 알맞은 말을 골라 써 봅시다.

　　　　　나타나게　　　나타났어요

① 시에 내 마음이 잘 (   ).

② 나무, 고무, 플라스틱 등의 성질이 잘 (   ) 정리해야 해.

3. 낱말 카드를 사용하여 문장을 만들어 써 봅시다.

| 어디부터 | 범위가 | 어디까지야? | 수행 평가 |

내일 과학 수행 평가 하지?

타이선

유키   응, 맞아.

(   )

타이선

유키   과학 교과서 75쪽부터 89쪽까지야.

그렇구나, 알려 줘서 고마워.

타이선

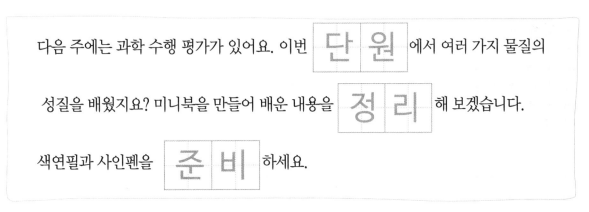

어려운 말 익히기: 준비, 단원, 정리

4. 낱말을 따라 써 봅시다.

다음 주에는 과학 수행 평가가 있어요. 이번 **단 원** 에서 여러 가지 물질의

성질을 배웠지요? 미니북을 만들어 배운 내용을 **정 리** 해 보겠습니다.

색연필과 사인펜을 **준 비** 하세요.

9/7(목) 1단원 과학 수행 평가
미니북 만들기

5. 빈칸에 알맞은 낱말을 써 봅시다.

장위, 산에 갈 (㉠   )는 다 했니?

거의 다 했어요. 모자와 물을 챙겼는데 더
필요한 (㉠   )물은 없나요?

응, 엄마가 도시락은 챙겼단다. 출발하자.

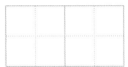

촘푸, 뭐 하고 있어?

배운 내용을 (㉡   )하고 있었어.

그랬구나. 배운 내용을 이렇게 공책에
(㉡   )하면 더 오래 기억할 수 있겠다.

다니엘은 어떤 과목을 가장 좋아하니?

영어요. 영어 시간에는 한 (㉢   )이 끝날 때마다
재미있는 놀이를 해서 좋아요.

 표현해 보기

6. 수행 평가를 볼 때는 어떤 태도를 가져야 할까요? 따라 써 봅시다.

평	가	에		집	중	하	여		최	선	을
다	해	요	.		친	구	와		장	난	치	지
않	아	요	.								

함께 해 봐요

〈학습 도구 한국어〉 82~83쪽

 표현해 보기

1. 배운 낱말로 나만의 문장 카드를 만들어 봅시다.

서영이는 오늘 학교에서 공부한
내용을 <u>되돌아보기 위해</u>
교과서를 다시 읽고 있어요.

되돌아보다

평가

2. 친구가 만든 미니북을 보고 칭찬하는 말을 써 봅시다.

_____

_____

_____

7 책을 읽고 난 후

- 어려운 말 익히기
- 표현해 보기

이어질 내용 상상하기

〈학습 도구 한국어〉 88~89쪽

 어려운 말 익히기: 이어질(이어지다)

1. 날씨 예보를 읽고 물음에 답해 봅시다.

오늘 하루 종일 비가 왔는데 내일도 비 소식입니다. 이번 장마는 다음 주 월요일까지 <u>끝나지 않고 계속될</u> 것으로 보입니다. 우산을 챙겨 다니시길 바랍니다.

1) 오늘 비가 왔어요? _____

2) 토요일에도 비가 올까요? _____

3) 밑줄 그은 말을 다음과 같이 바꾸어 써 보세요.

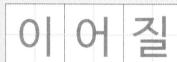

이번 장마는 다음 주 월요일까지 | 이 | 어 | 질 | 것으로 보입니다.

2. 빈칸에 알맞은 말을 골라 써 봅시다.

이어질   이어지게   이어져

① 계속 내용이 (   ) 말 잇기 놀이를 해 보자.

② 가게 밖까지 줄이 길게 (   ) 있어요.

③ 만화 영화 예고를 보니 (   ) 내용이 궁금해.

3. 낱말의 의미를 생각하며 따라 써 봅시다.

실제로 없는 것이나 경험하지 않은 것을
머릿속으로 그려 봄.

어떤 사실이나 있지 않은 일을
사실처럼 꾸며 재미있게 하는 말

4. 앞에 나오는 낱말을 사용하여 문장을 완성해 봅시다.

① **상상** 할아버지는 순무를 뽑을 수 있었을까요? 다음에 어떤 내용이

나올까요? 이어질 내용을 ....

② **이야기** 어제 할머니하고 잘 잤니?

 네, 할머니께서 .... 들려주셨어요.

 표현해 보기

5. 〈학습 도구 한국어〉 89쪽 2)번에서 상상한 내용을 써 봅시다.

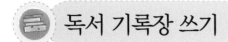 **독서 기록장 쓰기**

〈학습 도구 한국어〉 90~93쪽

 어려운 말 익히기: 감동적, 재미있었어(재미있다), 바꾸어(바꾸다), 꾸미고(꾸미다)

1. 빈칸에 알맞은 말을 골라 써 봅시다.

①

꾸미기로   바꾸어   꾸미고

서영이는 오늘《돼지책》을 읽었어요. 책을 다 읽고 나서 책의 제목을 (   ) 보기로 했어요. 여러 가지 동물 중에 열심히 일하는 '개미'를 골라 책의 제목을 《개미책》으로 바꾸어 보았어요. 제목을 바꾸고 나니 표지의 그림도 더 예쁘게 (   ) 싶었어요. 어떻게 하면 제목과 어울릴까 생각하다가 개미 그림을 그려 (   ) 했어요.

②

재미있는   감동적   재미있어

오딜: 서영아, 이 책 한번 읽어 봐. 정말 (   )이야. 나는 읽다가 눈물도 났어.

서영: 맞아, 나도 그 책을 읽고 눈물이 났어. 혹시《재주꾼 오 형제》도 읽어 봤니?

오딜: 아니, 아직 안 읽어 봤어. (   ) 책이야?

서영: 응, 정말 (   ). 꼭 읽어 봐.

2. 그림의 내용을 듣고 써 봅시다.

---

3. 밑줄 그은 말과 비슷한 의미를 가진 말을 골라 ○표 해 봅시다.

① 어제 놀이공원에 다녀왔어. 정말 <u>재미있었어</u>.

(신났어/슬펐어)

② 선생님께서 해 주신 이야기는 정말 <u>감동적이었어</u>.

(많은 것을 느끼게 했어/기분이 나빴어)

 어려운 말 익히기: 활동

4. 파란색으로 표시된 낱말의 의미를 생각하며 따라 써 봅시다.

책	을		읽	은		후	에	는		줄	거
리		쓰	기	,		주	인	공	에	게		편	지
쓰	기		등	의		활	동	을		해	요	.

5. 《돼지책》을 읽고 독서 기록장을 써 봅시다.

1) 나라면 어떤 기분이 들었을까요? 피곳 부인이나 피곳 씨가 되어 써 보세요.

2) 《돼지책》의 제목으로 삼행시를 지어 보세요.

돼	돼지들이 나오는 책이에요.
지	지금 엄마를 도와주지 않으면
책	

함께 해 봐요

 표현해 보기

1. '이야기 만들기' 놀이를 하고 있어요. 대화를 읽고 물음에 답해 봅시다.

> 오딜: 먼저 가위바위보로 순서를 정하자.
>
> 서영: 좋아. 순서를 다 정했으면 우리 함께 '이야기 시작'을 읽어 볼까?
>
> 타이선: 그럼 이제 나부터 카드를 뽑을게. (운동화 카드를 내려놓으며) 거북이가 대답했어요. 나는 이 (㉠)만 신으면 너보다 더 빨리 달릴 수 있어.
>
> 유키: (생쥐 카드를 내려놓으며) 지나가던 (㉡)가 둘이 달리기 시합을 해 보라고 말했어요.
>
> 오딜: (시계 카드를 내려놓으며) 생쥐는 시계를 꺼내 보이며 ＿＿＿＿＿＿＿＿＿＿.
>
> 서영: (사과 바구니 카드를 내려놓으며) 그때 지나가던 여우가 ＿＿＿＿＿＿＿＿＿＿.

1) 친구들이 가위바위보로 순서를 정했어요. 순서대로 이름을 써 보세요.

( ) → ( ) → ( ) → ( )

2) ㉠과 ㉡에 알맞은 말을 찾아 써 보세요.

㉠ ( )   ㉡ ( )

2. 이야기가 어떻게 이어질까요? 오딜과 서영의 말을 완성해 봅시다.

> 오딜: 생쥐는 시계를 꺼내 보이며 ＿＿＿＿＿＿＿＿＿＿.
>
> 서영: 그때 지나가던 여우가 ＿＿＿＿＿＿＿＿＿＿.

끼리끼리 모아요

- 어려운 말 익히기
- 부엉이 선생님 또 보기
- 표현해 보기

기준에 따라 분류하기

〈학습 도구 한국어〉 100~101쪽

 어려운 말 익히기: 기준, 분류

1. 그림에 알맞은 낱말과 문장을 연결하고 따라 써 봅시다.

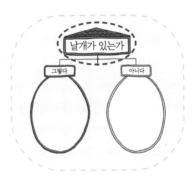

분류

기준

어떤 (   )으로 무리
지었는지 발표해 봅시다.

동물을 사는 곳에 따라
(   )해요.

2. 보기 와 같이 문장을 만들어 봅시다.

보기

동물 + 다리의 개수 + 분류하다
→ 동물을 다리의 개수에 따라 분류해요.

① 과일 + 색깔 + 분류하다

→ _____

② 동물 + 사는 곳 + 분류하다

→ _____

③ 사물 + 모양 + 분류하다

→ _____

 어려운 말 익히기: 완성

3. 파란색으로 표시된 낱말의 의미를 생각하며 따라 써 봅시다.

| 토 | 끼 | 의 | | 귀 | 를 | | 그 | 려 | 서 | | 그 |
| 림 | 을 | | 완 | 성 | 해 | 요 | . | | | | |

4. 빈칸에 공통으로 들어갈 낱말을 써 봅시다.

① 연필로 밑그림을 다 그렸으니 이제 색칠만 하면 (   )이야.

② 알맞은 낱말을 넣어 문장을 (   )해 봅시다.

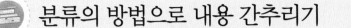
분류의 방법으로 내용 간추리기

〈학습 도구 한국어〉 102~105쪽

 어려운 말 익히기: 관련 있는(관련 있다), 간추리고(간추리다)

1. 의미에 알맞은 낱말을 연결해 봅시다.

글이나 말에서 중요한 내용만
골라 간단하게 정리하다.   •   •   관련 있다

서로 영향을 주고받는 관계가 있다.   •   •   간추리다

2. 빈칸에 알맞은 말을 골라 써 봅시다.

관련 있는   간추려서   관련이 있다   간추리고

① 다니엘이 글을 분류의 방법으로 (   ) 있어요.

② 이 문제는 지난 시간에 배운 내용과 (   ).

③ 중요한 내용을 (   ) 낱말끼리 묶었어.

④ 생각을 (   ) 발표해 봅시다.

3. 의미에 알맞은 낱말과 문장을 연결하고 따라 써 봅시다.

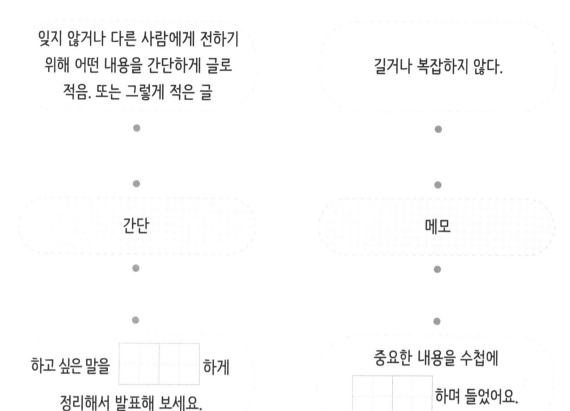

잊지 않거나 다른 사람에게 전하기
위해 어떤 내용을 간단하게 글로
적음. 또는 그렇게 적은 글

길거나 복잡하지 않다.

간단

메모

하고 싶은 말을 [　][　] 하게
정리해서 발표해 보세요.

중요한 내용을 수첩에
[　][　] 하며 들었어요.

4. 주어진 낱말을 사용하여 대화를 완성해 봅시다.

간단, 메모

이 신문 기사의 내용을
간추리려면 어떻게 해야 할까?

5. 다음 문장을 따라 써 봅시다.

	일	정	한		기	준	을		정	한		뒤
에		그		기	준	에		따	라		나	누
는		것	을		분	류	라	고		해	요	.

 표현해 보기

6. 대화를 읽고 물음에 답해 봅시다.

리암, 동물 (ㅂㄹ)하는 숙제 다 했어?

응, 나는 사는 곳에 따라 (ㅂㄹ)했어.

그럼 하늘에 사는 동물이랑 땅에 사는 동물로 나누었어?

아니, 땅에 사는 동물과 물에 사는 동물로 나누었어.

그렇구나. 땅에 사는 동물은 사자, 호랑이가 있지.

맞아. 타조와 닭도 땅에 사는 동물이야. 물에 사는 동물에는 오징어, 상어, 금붕어 등이 있어.

1) 빈칸에 공통으로 들어갈 낱말을 써 보세요.

2) 리암은 동물을 무엇에 따라 나누었는지 써 보세요.

_____

3) 땅에 사는 동물에는 무엇이 있는지 써 보세요.

_____

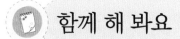 **함께 해 봐요**

 표현해 보기

1. '분류 판을 채워라' 놀이를 하고 있어요. 물음에 답해 봅시다.

> 엠마: 분류 판을 살펴보자. 우리 분류 판에는 동물 이름이 있어. 어떤 ( )에
> 따라 분류했을까?
> 장위: '먹이'에 따라 분류했어.
> 오딜: 토끼는 초식 동물이야. 코끼리도 초식 동물이야. 초식 동물에는 또 무엇이 있을까?
> 다니엘: 사슴도 있어.
> 엠마: 그래, 초식 동물에는 토끼, 코끼리, 사슴 등이 있어.
> 장위: 그럼 육식 동물에는 어떤 동물들이 있을까?

1) 빈칸에 알맞은 낱말을 써 보세요.

2) 초식 동물에는 어떤 동물들이 있는지 써 보세요.

- -

2. 분류 판을 완성해 봅시다.

빨간색		
토마토	개나리	나팔꽃
소방차	해바라기	가지
딸기		

9

관찰하고 설명하고

- 표현해 보기
- 부엉이 선생님 또 보기
- 어려운 말 익히기

그림지도 보고 메모하기

〈학습 도구 한국어〉 112~113쪽

 표현해 보기

1. 그림지도를 보고 물음에 답해 봅시다.

1) 빈칸에 알맞게 써 보세요.

① 동물원에 있는 동물의 수는 모두 (   )

마리예요.

② 물에 있는 동물은 (,   )예요.

③ 화장실은 (   ) 근처에 있어요.

④ 동물원 문에서 제일 멀리 있는 동물은

(   )예요.

2) 대화를 완성해 보세요.

 동물원 입구에서 코끼리를 보러 가려면 어떻게 가야 해?

 동물원 입구에서 오른쪽으로 가면 제일 먼저 (   )가 있어.
계속 앞으로 가면 사자가 살고 있어.
거기에서 똑바로 가면 (   )이 있어.
앞으로 계속 가면 코끼리를 볼 수 있어.

2. 다음 문장을 따라 써 봅시다.

① 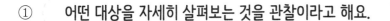 어떤 대상을 자세히 살펴보는 것을 관찰이라고 해요.

② 메모는 말하거나 쓸 때 이용하려고 간단히 적는 것이에요.

3. 다음을 읽고 물음에 답해 봅시다.

> 타이선은 날마다 학교에 걸어갑니다. 오늘은 학교에 가다가 해바라기를 자세히 살펴보았습니다. 타이선은 해바라기에 대해서 동생에게도 말해 주고 싶었습니다. 그래서 해바라기는 키가 크고 꽃도 아주 크다고 공책에 적었습니다. 집에 돌아가면 동생에게 해바라기 이야기를 해 주겠습니다.

① 타이선이 관찰한 것은 무엇이에요? (　　　　　　　　)

② 타이선이 메모한 내용을 찾아 써 보세요.

→ --

③ 타이선은 왜 메모를 했어요?

→ --

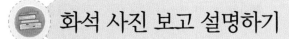 화석 사진 보고 설명하기

〈학습 도구 한국어〉 114~117쪽

 어려운 말 익히기: 설명, 모양, 활동, 남아(남다)

1. 낱말을 듣고 쓰세요. 그리고 알맞은 문장과 연결해 봅시다.

사진을 관찰하고
(   )해 봅시다.

배가 불러서
밥이 조금 (   ).

체육복은 (   )하기가
편한 옷이다.

내 짝은 동그란
(   )의 안경을 쓴다.

2. 빈칸에 알맞은 말을 골라 써 봅시다.

남아   모양   설명   활동

① 선생님께서 어려운 낱말을 [   ]해 주셨다.

② 동물이 [   ]한 흔적을 화석으로 볼 수 있다.

③ 화석에 옛날에 살았던 동물이나 식물의 부분이 [   ] 있다.

④ 고사리 화석은 나뭇잎 여러 개가 줄기에 달려 있는 [   ]이다.

3. 빈칸에 공통으로 들어갈 낱말을 쓰고 읽어 봅시다.

- 코끼리는 코가 아주 깁니다. 코끼리만큼 코가 긴 동물은 없습니다. 긴 코는 코끼리의 (ㅌㅈ)입니다.
- 한국에는 김치 같은 매운 음식이 많습니다. 사람들은 매운 음식을 좋아해서 자주 먹습니다. 한국 음식의 (ㅌㅈ)은 매운 맛입니다.
- 다른 것보다 특별히 달라서 눈에 띄는 점을 (ㅌㅈ)이라고 합니다.

4. 빈칸에 공통으로 들어갈 낱말을 쓰고 의미를 생각하며 따라 써 봅시다.

① 꽃의 모양처럼 사람도 서로 다른 ( )이 있다.

② 관찰 활동을 잘 하려면 ( )을 찾아야 한다.

5. 화석 사진을 관찰하고 설명해 봅시다.

삼엽충 화석   암모나이트 화석

1) 빈칸에 알맞은 낱말을 골라 써 보세요.

줄   다리   벌레   달팽이

엠마: 삼엽충은 (   )하고 비슷하게 생겼어.

오딜: 몸이 길고 (   )가 아주 많아.

엠마: 암모나이트는 (   ) 같은 모양이야.

오딜: 여러 개의 (   )이 있어.

2) 삼엽충과 암모나이트의 특징을 써 보세요.

삼엽충은

암모나이트는

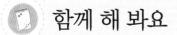 **함께 해 봐요**

〈학습 도구 한국어〉 118~119쪽

 표현해 보기

1. '설명 듣고 알아맞히기' 놀이를 하고 있어요. 빈칸에 알맞은 말을 골라 대화를 완성해 봅시다.

네   점   커   짧아

타이선: 이 동물은 발이 (　　　) 개 있어.

　　　그리고 뿔이 멋있고 (　　　).

유키: 꼬리가 길어?

타이선: 아니야. 꼬리는 (　　　).

　　　이 동물은 등에 하얀색 (　　　)이 많아.

유키: 사슴!

타이선: 맞았어. 사슴이야.

2. 그림을 보고 빈칸에 알맞은 말을 써 봅시다.

이 동물은 발이 (　　　) 개 있어.

귀가 아주 (　　　).

그리고 코가 아주 (　　　).

꼬리도 (　　　).

10

알아맞히기

● 어려운 말 익히기
● 표현해 보기

🔍 인물의 마음 짐작하기

〈학습 도구 한국어〉 124~125쪽

 어려운 말 익히기: 발생

1. 빈칸에 공통으로 들어갈 낱말을 쓰고 읽어 봅시다.

> ① 컴퓨터에 문제가 (   )해서 켜지지 않아요.
> ② 교통사고가 (   )했지만 다행히 아무도 다치지 않았어요.
> ③ 여름에 자주 (   )하는 전염병에 대해 보건 선생님께 배웠어요.

2. 빨간색으로 표시된 낱말의 의미를 생각하며 따라 써 봅시다.

① 짝을 바꾼 후 교실에서 작은 문제가 발생했다.

② 결승선 바로 앞에서 장위가 넘어지는 일이 발생했다.

3. 낱말과 알맞은 의미를 연결해 봅시다.

결과 •　　　• 앞으로 있을 일을 미리 생각함.

순서 •　　　• 어떤 일이 끝난 다음의 상태

연습 •　　　• 어떤 일을 하기 위해서 미리 정해진 차례

예상 •　　　• 무엇을 잘하기 위해서 여러 번 다시 해 보는 것

표현 •　　　• 느낌이나 생각을 말이나 글, 몸짓, 그림이나 음악 등으로 다른 사람들에게 알려 줌.

4. 빈칸에 알맞은 낱말을 써 봅시다.

　　기다리던 가을 운동회 날이다. 달리기를 하는 ☐☐ 가 되었다. 운동회 전 ☐☐ 때도 달리기를 하였는데 장위가 항상 1등이었다. 이 날도 장위는 당연히 1등을 할 거라고 ☐☐ 하며 달리기를 했다. 그런데 결승선 바로 앞에서 장위가 넘어지는 일이 발생했다. 장위는 다시 일어나 열심히 달렸지만 ☐☐ 는 꼴찌였다. 장위는 속상한 마음을 말로 다 ☐☐ 하지 못하고 울기만 했다. 하지만 친구들이 달려와 장위를 위로해 주었다. "괜찮아, 장위야! 실수는 누구나 할 수 있어." 친구들의 따뜻한 말에 장위는 눈물을 그치고 고개를 끄덕였다.

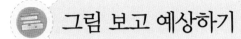 **그림 보고 예상하기**

〈학습 도구 한국어〉 126~129쪽

 어려운 말 익히기: 바탕, 발달

1. 의미에 알맞은 낱말을 연결하고 따라 써 봅시다.

어떤 사물이나 상태가 이전보다
더 좋아지는 것 ● ● 바탕

어떤 사물을 만들거나 일을 하는
기본적인 밑받침 ● ● 발달

2. 어울리는 것끼리 연결하고 써 봅시다.

그 영화는 ● ● 글의 내용을 짐작할 수 있다.

그림을 바탕으로 ● ● 시간 여행도 할 수 있을 것이다.

과학이 더 발달하면 ● ● 교통이 발달한 지역이기도 하다.

도시는 사람들이 많이
모여 사는 곳이며 ● ● 진짜 이야기를 바탕으로 만들어졌다.

① --

② --

③ --

④ --

3. 글자 카드로 빈칸에 공통으로 들어갈 알맞은 낱말을 만들어 써 봅시다.

속	제	화	결	연	주

① 오늘 수업의 (㉠)는 우리 고장이야.

그림을 보고 오늘 수업의 (㉠)를 생각해 보자.

㉠

② 이 컴퓨터는 인터넷이 (㉡)되어 있지 않아.

전화는 먼 곳에 있는 친구와 우리를 (㉡)해 줘.

㉡

4. 빈칸에 알맞은 낱말을 써 봅시다.

① '그림 보고 예상하기'를 잘하려면 어떻게 해야 할까?

그림과 단원 제목, 학습 내용, ( ) 등을 ( )지어

생각해 봐야 해.

② 이 그림 좀 봐. 긴 다리가 이쪽과 저쪽을 ( )하고 있어.

이 그림의 ( )는 편리해진 생활인 것 같아.

5. 그림을 보고 물음에 답해 봅시다.

1) ①~④가 무엇을 나타내는지 다음과 같이 써 보세요.

> ① **몸이 아파서 병원에 가다 + 는 + 그림 같습니다.**
> → 몸이 아파서 병원에 <u>가는</u> 그림 같습니다.

② _____ 그림 같습니다. (공원을 산책하다)

③ _____. (마트에 물건을 사러 가다)

④ _____. (회사에 일하러 가다)

2) 알맞은 말을 골라 ○표 해 보세요.

이번 단원에서는 도시에 사는 사람들이
(무엇을 하며 살아가는지/어디에서
일하는지) 배울 것 같습니다.

이번 단원에서는 (도시에서 어떤 것들을
만드는지/도시에 어떤 것들이 있는지)
배울 것 같습니다.

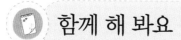 함께 해 봐요

〈학습 도구 한국어〉 130~131쪽

 표현해 보기

1. '열 고개' 놀이를 하고 있어요. 대화를 자유롭게 완성해 봅시다.

> 선생님: 이것은 동물입니다.
> 타이선: 집에 있어요?
> 서영: 고기를 먹어요?
>
> 다니엘: _____?
>
> 장위: _____?
>
> 오딜: _____?
>
> 엠마: _____?

2. 대화를 읽고 알맞은 것을 골라 봅시다. ----------------------------(   )

> 선생님: 이것은 욕실에 있는 물건입니다.
> 유키: 이를 닦을 때 써요?   선생님: 아니요.
> 준서: 세수할 때 써요?   선생님: 네.
> 엠마: 네모예요?   선생님: 네.
> 빈센트: 거품이 나요?   선생님: 아니요.
> 자르갈: 물을 닦는 거예요?   선생님: 네.

①    ②    ③ 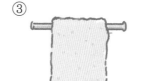   ④

조사한 것을 써요

- 어려운 말 익히기
- 부엉이 선생님 또 보기
- 표현해 보기

 명절 조사하기

〈학습 도구 한국어〉 136~137쪽

어려운 말 익히기: 자료, 기록

1. 그림을 보고 빈칸에 알맞은 낱말을 써 봅시다.

①

한글날에 관한 ☐☐ 를

책에서 찾았어요.

②

식물 관찰 결과를

학습지에 ☐☐ 했어요.

2. 보기 와 같이 문장을 만들어 봅시다.

식물 관찰 결과 + 학습지 + 기록하다.
→ 식물 관찰 결과를 학습지에 기록했다.

① 개미 관찰 결과 + 관찰 일기 + 기록하다.

→ _____

② 나뭇잎 관찰 결과 + 활동지 + 기록하다.

→ _____

어려운 말 익히기: 조사, 명절

3. 의미에 알맞은 낱말을 연결하고 따라 써 봅시다.

어떤 일이나 사물의 내용을 알기 위하여 자세히 살펴보거나 찾아봄.	•	•	조사	
설이나 추석 등 해마다 일정하게 돌아와 전통적으로 즐기거나 기념하는 날	•	•	명절	

4. 빈칸에 공통으로 들어갈 낱말을 쓰고 읽어 봅시다.

① 설과 추석에 대해 (㉠)해 보았다.
(㉠)에 필요한 자료를 모았다.

㉠ [   ]

② (㉡)은 즐겁게 보냈어?
우리 가족은 (㉡)이 되면 할머니 댁에 간다.

㉡ [   ]

5. 글을 읽고 물음에 답해 봅시다.

설과 설에 하는 일

조사한 사람: 4학년 2반 ○○번 타이선

조사 날짜: 20○○년 ○○월 ○○일

조사 방법: 명절에 대한 책을 보고 조사, (㉠   )

조사 내용: 설은 음력 1월 1일이다. 새해 첫날이고 설에는 차례를 지내고 떡국을 먹는다.

　　　　　설빔이라는 새 옷도 입고 새해를 맞는 인사로 세배를 한다.

붙이는 자료: (㉡   )

---

1) 조사하는 글에 쓸 수 있는 것을 찾아 써 보세요.

　조사 대상, 조사 날짜, ------------------------------------

2) ㉠에 알맞은 조사 방법을 써 보세요.

　------------------------------------

3) ㉡에 알맞은 자료를 두 가지 골라 보세요. ---------------------(,   )

　　①　　　　　　　　②　　　　　　　　③

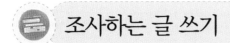 **조사하는 글 쓰기**

 어려운 말 익히기: 정하기(정하다), 작성

1. 빈칸에 알맞은 말을 골라 써 봅시다.

> 정하는   작성한

① 술래를 (   ) 방법으로 가위바위보를 했다.

② 지난 시간에 (   ) 글은 조사를 계획하는 내용이었다.

2. 빨간색으로 표시된 말의 의미를 생각하며 따라 써 봅시다.

① **조사 대상과 조사 범위를** 정했어요.

② **일요일에는 도서관에 가기로** 정했어요.

③ **조사 결과를 글로** 작성해요.

3. 글을 읽고 물음에 답해 봅시다.

학교 식물 조사	
조사 대상	미래초등학교 화단의 식물
조사 주제	㉠
조사한 날짜	20○○년 ○○월 ○○일 ○교시
조사한 사람	4학년 2반 ○○번 타이선
조사한 내용	우리 학교 화단에는 나무와 풀 중에서 풀이 더 많았다. 학교에 많이 있는 나무는 소나무, 철쭉, 주목, 단풍나무 등이었다. (㉡)
첨부 자료	선생님께서 찍어 주신 식물들 사진 붙임. 소나무 철쭉 코스모스 국화

1) ㉠에 알맞은 것을 고르세요.--(   )

① 학교 화단을 어떻게 가꿀까?   ② 학교 화단은 언제 만들어졌을까?

③ 학교 화단에 어떤 곤충들이 많을까?   ④ 학교 화단에 어떤 식물들이 많을까?

2) ㉡에 알맞은 내용을 말한 사람의 이름을 쓰세요.

> 오딜: 학교 화단에 내가 좋아하는 사과나무를 심고 싶다.
>
> 유키: 학교에 많이 있는 사물은 의자, 책상, 사물함 등이었다.
>
> 다니엘: 학교에 많이 있는 풀은 코스모스, 국화, 방울꽃 등이었다.

(   )

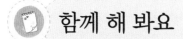 **함께 해 봐요** 〈학습 도구 한국어〉 142~143쪽

 표현해 보기

1. 빈칸에 알맞은 낱말을 골라 써 봅시다.

> 생일   과목   친구

유키: 다니엘, (   )이 언제니?

다니엘: 내 생일은 5월 19일이야.

유키: 좋아하는 (   )이 뭐야?

다니엘: 나는 체육을 좋아해.

유키: 좋아하는 (   )는 누구야?

다니엘: 나는 준서를 좋아해.

2. 명함을 보고 대화를 완성해 봅시다.

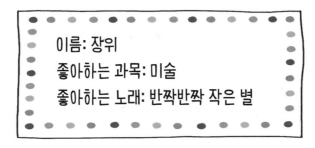

이름: 장위
좋아하는 과목: 미술
좋아하는 노래: 반짝반짝 작은 별

① 유키: ＿＿＿＿＿＿＿＿＿＿＿＿＿＿＿＿＿＿?

   장위: 나는 미술을 좋아해.

② 다니엘: 좋아하는 노래는 뭐야?

   장위: ＿＿＿＿＿＿＿＿＿＿＿＿＿＿＿＿＿.

12

비교해서 알아요

- 어려운 말 익히기
- 부엉이 선생님 또 보기
- 표현해 보기

물체의 무게를 비교하여 말하기
〈학습 도구 한국어〉 148~149쪽

 어려운 말 익히기: 실험, 비슷해(비슷하다)

1. 그림을 보고 빈칸에 알맞은 말을 골라 써 봅시다.

실험   비슷하다

① 물체의 무게를 비교하는 (   )을 했다.

② 사인펜과 지우개의 무게는 (   ).

2. 빈칸에 공통으로 들어갈 말을 쓰고 읽어 봅시다.

① 친구와 나의 수학 실력은 (㉠   ).
미술 시간에 짝과 내가 그린 그림이
(㉠   ).

㉠ ☐☐☐☐☐

② 소금과 모래를 나누는 (㉡   )
과정을 알아보았다.
물을 끓이면 어떻게 되는지 알아보는
(㉡   )을 했다.

㉡ ☐☐☐

3. 문장에 알맞은 낱말을 연결하고 따라 써 봅시다.

코끼리의 ( )는
얼마나 될까? •   • 무게

과자의 모양은
( )이다. •   • 여러 가지

4. 파란색으로 표시된 낱말의 의미를 생각하며 따라 써 봅시다.

① 저울에 사과의 무게를 재어 보았다.

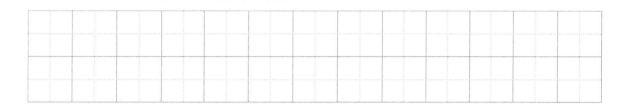

② 화단에 여러 가지 색의 꽃이 피어 있다.

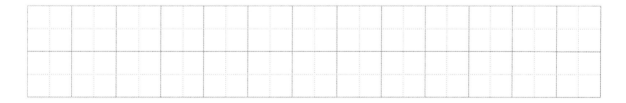

③ 여러 가지 물건의 무게를 비교했다.

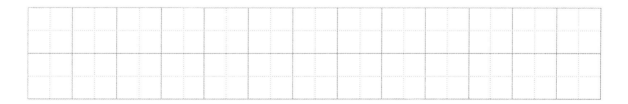

여러 가지 모습을 비교해서 살펴보기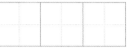

〈학습 도구 한국어〉 150~153쪽

 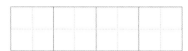 **어려운 말 익히기:** 변화, 다른(다르다), 달라졌다(달라지다)

1. 국어사전의 내용을 읽고, 자음자에 알맞은 말을 써 봅시다.

① ㄷㄹㄷ 두 개의 대상이 서로 같지 아니하다.

⑩ 수학 시간과 국어 시간에 배우는 내용이 □□□.

② ㄷㄹㅈㄷ 전과 다르게 되다.

⑩ 계절이 바뀌어서 옷차림이 □□□□.

③ ㅂㅎ 무엇의 모양이나 상태, 성질 등이 달라짐.

⑩ 컴퓨터는 사람들의 생활에 큰 □□를 가져왔다.

2. 빈칸에 알맞은 말을 골라 써 봅시다.

옛날 부엌 모습

오늘날 부엌 모습

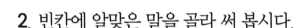

변화   다른   달라졌어

 두 사진의 (   ) 점은 뭘까?

음식을 만드는 도구가 (   ).

 옛날과 오늘날 사람들의 모습이 (   )했구나!

3. 의미에 알맞은 낱말과 문장을 연결해 봅시다.

사람이나 사물의 생김새

사람이나 동물이
일정한 곳에서 살아감.

모습

생활

날씨가 따뜻해서
(   )하기에 좋다.

옛날과 오늘날 집의
(   )을 비교했다.

4. 빈칸에 공통으로 들어갈 낱말을 쓰고 읽어 봅시다.

① 우리는 행복하게 (㉠   )하기 위해 노력한다.
컴퓨터는 사람들의 (㉠   )에 큰 변화를 가져왔다.

㉠ ☐☐

② 농촌의 (㉡   )을 살펴보았다.
옛날과 오늘날 사람들이 사는 집의 (㉡   )이
변화했다.

㉡ ☐☐

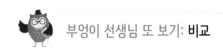

5. 밑줄 그은 부분과 관련된 것을 골라 써 봅시다.

> 여러 개의 대상을 살펴보고 같은 점이나 다른 점을 찾는 것을 비교라고 해요. 무게, 길이, 크기 등을 비교할 수 있어요. 또 <u>옛날 모습과 오늘날 모습을 비교하면서 여러 가지 달라진 점을 알 수 있어요.</u>

> 초가집과 흙   전기밥솥과 전기
> 지우개와 사인펜   초가집과 아파트

(   )

6. 옛날과 오늘날의 결혼식 모습을 비교해서 써 봅시다.

	옛날	오늘날
결혼식을 하는 장소	신부의 집	결혼식장
결혼식 때 입는 옷	한복	턱시도, 드레스
결혼식에 모인 사람들이 하는 일	결혼을 축하한다.	결혼을 축하한다.

표현해 보기

1. '같아요, 달라요' 놀이를 하고 있어요. 대화를 읽고 물음에 답해 봅시다.

> 준서: 우리 주변에서 모양이 같은 것을 찾아봐.
> 다니엘: 배구공과 야구공은 _____ ㉠ _____ .
> 서영: 책과 공책도 모양이 같아. 둘 다 네모 모양이야.
> 장위: 갑 티슈와 두루마리 휴지도 모양이 같아.
> 준서: 아니야. 갑 티슈와 모양이 같은 것은 _____ ㉡ _____ .

1) ㉠에 알맞은 문장을 고르세요. --(   )

① 모양이 같아.   ② 모양이 달라.
③ 크기가 같아.   ④ 크기가 달라.

2) ㉡에 알맞은 답을 써 보세요.

_____

2. 대화를 완성해 봅시다.

① 다니엘: 우리 주변에서 색깔이 같은 것을 찾아봐.

  장위: _____ .

② 서영: _____ .

  준서: 책과 축구공은 모양이 달라.

부분으로 나누어 보면

- 어려운 말 익히기
- 부엉이 선생님 또 보기
- 표현해 보기

자료를 부분으로 나누어 살펴보기

〈학습 도구 한국어〉 160~161쪽

 어려운 말 익히기: 구별, 연결

1. 빈칸에 알맞은 낱말을 골라 써 봅시다.

> 연결   구별

 장위, 너 치타와 표범을 (㉠)할 수 있어?

 아니, (㉠)하기 어려워. 좋은 방법이 있어?

 여기 무늬 모양을 봐. 치타는 동그란 점무늬가 있고
표범은 이렇게 얼룩무늬 안쪽이 비어 있어.

〈협동화 그리는 방법〉

1. 먼저 커다란 종이에 밑그림을 그리고, 밑그림을 부분 그림으로 나눈다.
2. 모둠 친구들이 각 부분 그림을 맡아서 색칠한다.
3. 각각 색칠한 그림을 모아서 다시 처음 그림처럼 (㉡)한다.
4. 부분 그림이 잘 (㉡)되었는지 살펴보며 협동화를 완성한다.

2. 낱말을 알맞은 문장과 연결하고 빈칸에 써 봅시다.

구별 •

• 점과 점을 ☐☐ 해 선분을 그려 봅시다.

• 나는 내 친구와 ☐☐ 되는 목소리를 가졌다.

• 질문과 맞는 답을 ☐☐ 해 보세요.

연결 •

• 누가 형이고 누가 동생인지 ☐☐ 할 수 없어요.

어려운 말 익히기: 자료, 부분, 나누어(나누다)

3. 의미에 알맞은 낱말을 연결하고 빈칸에 써 봅시다.

전체를 만드는 작은 것,
또는 전체를 여러 개로
나눈 것 가운데 하나
• • 나누다 ☐☐☐

연구나 조사를 할 때
필요한 재료
• • 부분 ☐☐

원래 하나였던 것을 둘 이상의
부분이나 조각이 되게 하다.
• • 자료 ☐☐

4. 앞에 나오는 낱말을 사용해 문장을 자유롭게 완성해 봅시다.

① 　자료　　　컴퓨터에 많은 _____ .

② 　부분　　　과일의 _____ .

② 　나누어　　색종이를 네 조각으로 _____ .

 부엉이 선생님 또 보기: **분석**

5. 다음 문장을 따라 써 봅시다.

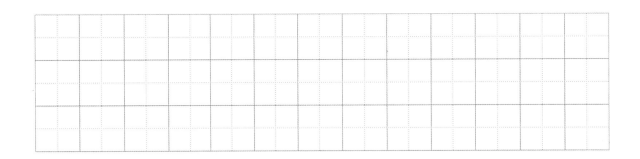

전체를 여러 개의 부분으로 나누어 살펴보는 것을 분석이라고 해요.

6. 부레옥잠을 부분으로 나누어 살펴보고 있어요. 문장을 완성해 봅시다.

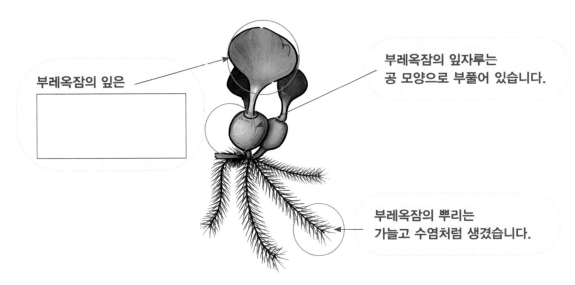

부레옥잠의 잎은

부레옥잠의 잎자루는
공 모양으로 부풀어 있습니다.

부레옥잠의 뿌리는
가늘고 수염처럼 생겼습니다.

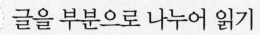 글을 부분으로 나누어 읽기

〈학습 도구 한국어〉 162~165쪽

 어려운 말 익히기: 역할, 구분

1. 국어사전의 내용을 읽고 자음자에 알맞은 낱말을 써 봅시다.

> ㄱㅂ 어떤 기준에 따라 전체를 몇 개의 부분으로 나눔.
>
> 예 해야 할 일을 날짜별로 □□했다.

> ㅇㅎ 맡은 일 또는 해야 하는 일
>
> 예 학급에서 책꽂이를 정리하는 □□을 맡았다.

2. 보기 와 같이 두 낱말을 이어서 사용하여 써 봅시다.

> 보기
>
> 주문 + 외우다.
>
> → 주문을 외우다.

① 역할 + 맡다

→

② 역할 + 나누다

→

③ 내용 + 구분하다

→

3. 어울리는 것끼리 연결해 봅시다.

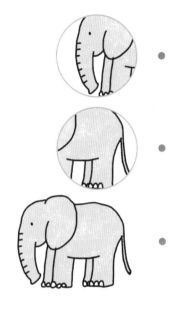

전체

부분

4. 알맞은 낱말을 골라 ○표 해 봅시다.

잘 알려지지 않았거나,
모르는 내용을 잘 알도록
해 주는 설명을 (자료/소개)라고 해.

5. 빈칸에 알맞은 낱말을 써 봅시다.

 오늘은 가족사진을 보며 친구들에게 우리 가족을 (   )해 보겠습니다.
누가 먼저 해 볼까요?

 우리 가족을 소개하겠습니다. 우리 가족은 엄마, 아빠, 저, 동생 이렇게 4명
입니다. 우리 가족 (   )가 나온 사진을 못 찾아서 엄마와 아빠 사진,
그리고 저와 동생 사진을 준비했어요.

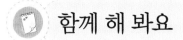 **함께 해 봐요**

〈학습 도구 한국어〉 166~167쪽

 표현해 보기

1. 나의 특징을 떠올리며 빈칸을 채워 봅시다.

생김새(외모)	나는 키가 크고, 얼굴이 까무잡잡하다.
잘하는 것	나는 ( )을/를 잘한다.
형제 관계	나는
좋아하는 것	
싫어하는 것	

2. 〈학습 도구 한국어〉 167쪽에 정리한 내용을 바탕으로 친구를 소개하는 글을 써 봅시다.

함께 생각해요

- 어려운 말 익히기
- 부엉이 선생님 또 보기
- 표현해 보기

작품을 보고 의견 말하기

〈학습 도구 한국어〉 172~173쪽

 어려운 말 익히기: 장단점

1. 국어사전의 내용을 읽고 자음자에 알맞은 낱말을 써 봅시다.

ㅈ ㄷ ㅈ 좋은 점과 나쁜 점
㉮ 대부분의 물건은 □□□이 있다.

2. 빨간색으로 표시된 낱말의 의미를 생각하며 따라 써 봅시다.

수업 시간에 휴대 전화의 장단점에 대해 알아보았다.

3. 의미에 알맞은 말과 문장을 연결해 봅시다.

| 잘하거나 바람직한 부분 | 힘과 기술을 써서 없던 것을 생기게 하다. | 모르는 것을 알아내거나 알아내려고 노력하다. |

만들었다　　　　찾았다　　　　좋은 점

| 친구의 (　　　)을 찾았다. | 찰흙으로 인형을 (　　　). | 휴대 전화의 좋은 점을 (　　　). |

4. 문장을 듣고 써 봅시다.

① --

----

② --

----

5. 빈칸에 알맞은 말을 쓰고 읽어 봅시다.

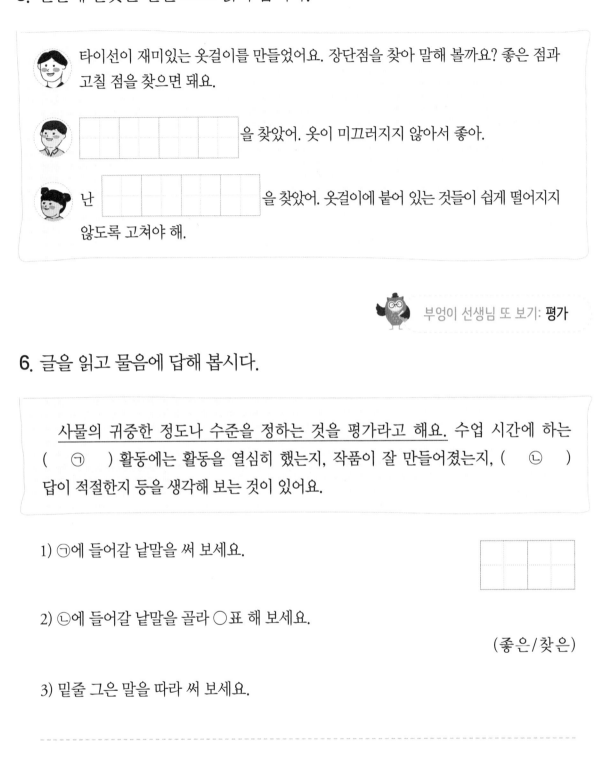

타이선이 재미있는 옷걸이를 만들었어요. 장단점을 찾아 말해 볼까요? 좋은 점과 고칠 점을 찾으면 돼요.

☐☐☐☐☐ 을 찾았어. 옷이 미끄러지지 않아서 좋아.

난 ☐☐☐☐☐ 을 찾았어. 옷걸이에 붙어 있는 것들이 쉽게 떨어지지 않도록 고쳐야 해.

부엉이 선생님 또 보기: **평가**

6. 글을 읽고 물음에 답해 봅시다.

사물의 귀중한 정도나 수준을 정하는 것을 평가라고 해요. 수업 시간에 하는 (㉠) 활동에는 활동을 열심히 했는지, 작품이 잘 만들어졌는지, (㉡) 답이 적절한지 등을 생각해 보는 것이 있어요.

1) ㉠에 들어갈 낱말을 써 보세요.

☐☐☐☐

2) ㉡에 들어갈 낱말을 골라 ○표 해 보세요.

(좋은 / 찾은)

3) 밑줄 그은 말을 따라 써 보세요.

_____

_____

의견이 적절한지 생각해 보기

 어려운 말 익히기: 적절한(적절하다), 판단, 고려

1. 낱말을 듣고 쓰세요. 그리고 알맞은 문장과 연결해 봅시다.

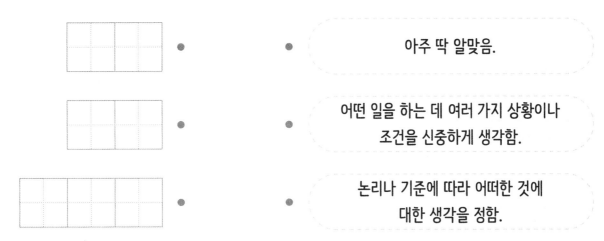

아주 딱 알맞음.

어떤 일을 하는 데 여러 가지 상황이나
조건을 신중하게 생각함.

논리나 기준에 따라 어떠한 것에
대한 생각을 정함.

2. 빈칸에 공통으로 들어갈 말을 골라 써 봅시다.

적절한   판단   고려

① 주제에 (㉠   ) 예를 찾았다.
   친구들의 의견이 (㉠   )지 판단했다.
② 문제를 풀 때 (㉡   )할 점을 생각했다.
   실험 도구를 (㉡   )해서 실험 계획을 세웠다.
③ 옳고 그름을 (㉢   )했다.
   너무 더워서 운동장 놀이를 하기 힘들다고 (㉢   )했다.

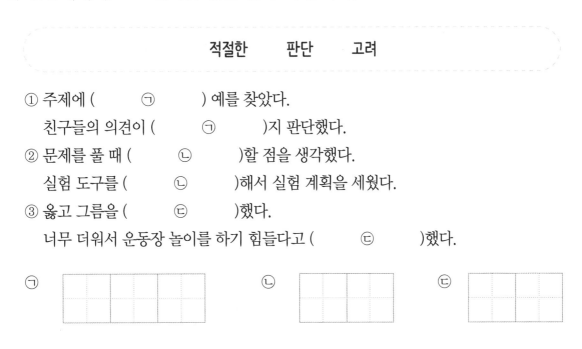

㉠ [   ]   ㉡ [   ]   ㉢ [   ]

3. 의미에 알맞은 낱말을 연결하고 따라 써 봅시다.

계획하거나 생각한 것을
실제 행동으로 옮기다.

둘 이상의 사람, 사물이나 현상
등이 서로 영향을 주고받는
관계에 있다.

●

●

관련 있다

실천하다

4. 어울리는 것끼리 연결하여 문장을 완성하고 써 봅시다.

●　　　　　●

실천했다.

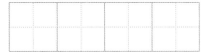

●　　　　　●

관련 있다.

① --

② --

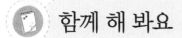
 표현해 보기

1. '생활 속 보물찾기' 놀이를 하고 있어요. 어울리는 것끼리 연결해 봅시다.

• 네모 모양

• 둥근 모양

2. 보기 와 같이 대화를 완성해 봅시다.

보기

서영: '공' 카드와 '둥근 모양' 카드가 나왔어. 공은 둥근 모양이니까 보물로 적절해.
준서: 적절한지에 대해 잘 판단했어.
엠마: 문제 카드의 내용에 맞는 보물 카드를 잘 찾았어.
서영: '교과서' 카드와 '둥근 모양' 카드가 나왔어. 교과서는 네모 모양이라 보물로 적절하지 않아.
준서: 적절한지에 대해 잘 판단했어.

오딜: '교과서' 카드와 '네모 모양' 카드가 나왔어. 교과서는 네모 모양이니까 보물로 _____.
서영: 적절한지에 대해 잘 _____.
준서: 문제 카드의 내용에 맞는 보물 카드를 잘 찾았어.
서영: '공책' 카드와 '둥근 모양' 카드가 나왔어. 공책은 네모 모양이라 보물로 _____.
준서: 적절한지에 대해 잘 _____.

15 이렇게 해결해요

- 어려운 말 익히기
- 부엉이 선생님 또 보기
- 표현해 보기

🔍 **과학적 문제 해결하기**

〈학습 도구 한국어〉 184~185쪽

 어려운 말 익히기: 분리, 결과

1. 의미에 알맞은 낱말과 문장을 연결해 봅시다.

같은 것끼리 나눔.

어떤 일이 모두 끝난 후의 상태

결과

분리

쓰레기를 (   )해서 버렸다.

열심히 했으니
좋은 (   )가 있을 거야.

2. 1번에서 완성한 문장 중 하나를 골라 써 봅시다.

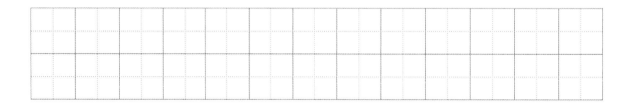

3. 낱말을 듣고 쓰세요. 그리고 알맞은 의미와 연결해 봅시다.

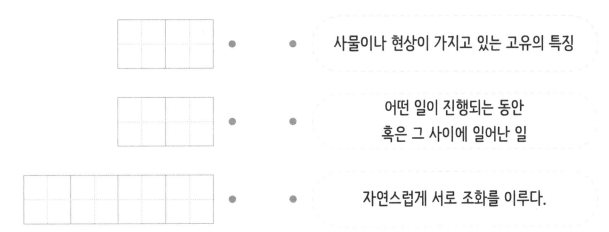

☐☐ •	• 사물이나 현상이 가지고 있는 고유의 특징
☐☐ •	• 어떤 일이 진행되는 동안 혹은 그 사이에 일어난 일
☐☐☐ •	• 자연스럽게 서로 조화를 이루다.

4. 빈칸에 공통으로 들어갈 말을 골라 써 봅시다.

성질   어울리는

① 청바지와 잘 (㉠   ) 신발은 무엇이에요?

청바지와 잘 (㉠   ) 신발은 운동화예요.

② 자석에는 어떤 (㉡   )이 있어요?

자석에는 같은 극끼리 서로 끌어당기는 (㉡   )이 있어요.

㉠ (   ) ㉡ (   )

5. 문제를 해결하는 과정이에요. 순서에 맞게 기호를 써 봅시다.

> ㉠ 문제가 무엇인지 찾기
> ㉡ 문제가 해결되지 않으면 다른 방법 찾기
> ㉢ 문제 해결을 위한 다양한 방법 생각하기
> ㉣ 가장 좋다고 생각하는 방법으로 문제를 해결하기

(   ) → (   ) → (   ) → (   )

6. 다음은 교실에서 일어난 문제 상황이에요. 어울리는 것끼리 연결해 봅시다.

문제가 무엇인지 찾기   •

•   문제 해결을 위한
다양한 방법 생각하기   •

•   가장 좋다고 생각하는
방법으로 문제를 해결하기   •

•

해결 방법을 제안하는 글 쓰기

〈학습 도구 한국어〉 186~189쪽

 어려운 말 익히기: 떠올려(떠올리다), 효과적, 까닭

1. 그림을 보고 빈칸에 알맞은 말을 골라 써 봅시다.

까닭   효과적   떠올려

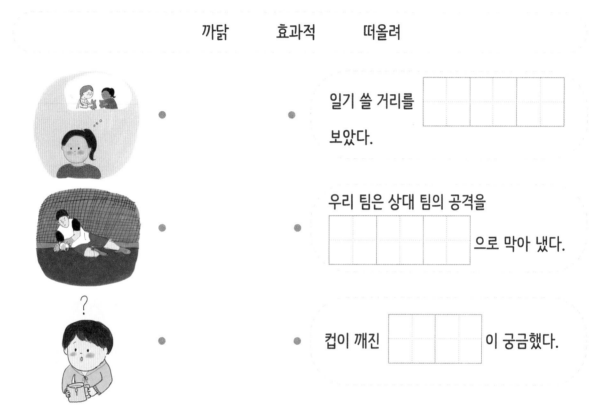

일기 쓸 거리를 [   ] 보았다.

우리 팀은 상대 팀의 공격을 [   ] 으로 막아 냈다.

컵이 깨진 [   ] 이 궁금했다.

2. 어울리는 말을 찾아 써 봅시다.

까닭   효과적   떠올려

어제 무슨 일이
있었는지 잘
(   ) 봐.

친구가 웃는
(   )을
모르겠다.

달리기는 체력을
키울 수 있는
(   )인 방법이다.

어려운 말 익히기: 이유, 겪은(겪다), 제시

3. 낱말을 알맞은 문장과 연결하고 빈칸에 써 봅시다.

겪은　•　　　•　가뭄을 (　　　　) 이유가 무엇인지 알았다.

이유　•　　　•　친구가 (　　　　)한 방법으로 문제를 풀었다.

제시　•　　　•　준서가 웃은 (　　　　)가 궁금했다.

4. 그림을 보고 빈칸에 알맞은 말을 골라 써 봅시다.

이유　　　제시　　　겪은

　　오늘 준서는 운동장에서 넘어졌어요. 준서가 넘어진 (　　　　　)는 운동장에 쓰레기가 있었기 때문이에요. 준서가 (　　　　　) 문제를 해결하기 위해 친구들은 여러 가지 의견을 (　　　　)했어요.

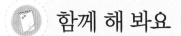 함께 해 봐요

〈학습 도구 한국어〉 190~191쪽

 표현해 보기

1. '문제 해결 왕' 놀이를 하고 있어요. 문제를 해결하기 위해 내가 생각한 제안과 제안하는 까닭을 보기 와 같이 써 봅시다.

보기

문제 상황	쓰레기가 많아 땅이 오염된 문제
제안	분리수거를 해야 한다.
제안하는 까닭	재활용을 하면 쓰레기의 양을 줄일 수 있기 때문이다.

문제 상황	아이들이 복도에서 뛰어다니는 문제
제안	
제안하는 까닭	

2. 빈칸에 알맞은 낱말을 골라 대화를 완성해 봅시다.

제시   까닭   왜냐하면

타이선: 쓰레기가 많아 땅이 오염되는 문제를 해결하기 위해 일회용품 사용을 줄여야

해. (   ) 쓰레기는 땅을 오염시키기 때문이야.

서영: 문제를 해결하기 위한 알맞은 의견을 (   )했어.

준서: 제안하는 (   )도 적절해.

장위: 타이선은 알맞은 제안과 제안하는 까닭을 모두 말해서 2점이야.

16 나의 꿈

● 어려운 말 익히기
● 부엉이 선생님 또 보기
● 표현해 보기

미래의 나 상상하기

〈학습 도구 한국어〉 196~197쪽

 어려운 말 익히기: 미래, 상상, 실현

1. 낱말을 듣고 쓰세요. 그리고 알맞은 의미와 연결해 봅시다.

☐ •	• 꿈이나 계획 등을 실제로 이룸.
☐ •	• 앞으로 올 때
☐ •	• 실제로 없는 것이나 경험하지 않은 것을 생각해 봄.

2. 빈칸에 들어갈 말을 골라 써 봅시다.

미래   상상했다   실현

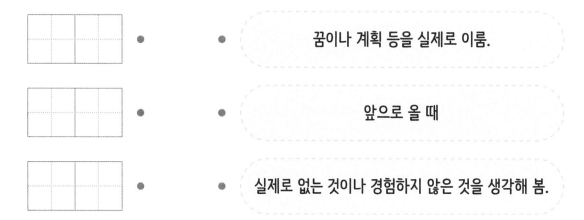

오늘 학교에서 과학 상상 그림 그리기 대회가 열렸다. 나는 20년 뒤 과학 기술이 어떤 모습으로 발전할지 (   ). 그리고 상상한 모습을 그림으로 표현했다. 과학이 발전한 (   )에 나는 어떤 모습으로 살고 있을까? 과학자가 되고 싶은 나의 꿈을 (   )하기 위해 열심히 공부할 것이다.

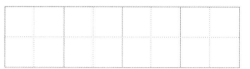

3. 국어사전의 내용을 읽고 자음자에 알맞은 말을 써 봅시다.

ㅈㅇㅈ 만족할 만한 점
㉔ 대부분의 물건은 ☐☐☐☐이 있다.

ㅅㄹ 이전에 실제로 일어난 예
㉔ 선생님께서 ☐☐를 들어 설명해 주셨다.

4. 빈칸에 알맞은 말을 골라 써 봅시다.

사례   좋은 점

①   사회 시간에 재난에 대해 공부했습니다. 태풍, 홍수, 지진 등 재난의 종류에 대해 배우고, 실제로 일어났던 재난 사고들을 인터넷으로 조사했습니다. 그리고 조사한 재난 (　　　　　)를 발표했습니다.

②   오늘 직업에 대해 공부했습니다. 저는 소방관이 되고 싶습니다. 소방관이라는 직업의 (　　　　　)은 위험에 처한 사람들을 도와줄 수 있다는 것입니다. 열심히 노력하여 꼭 제 꿈을 실현하고 싶습니다.

5. 글을 읽고 내용에 맞지 않는 것을 골라 봅시다.------------------(　　　　　)

미래의 나

20년 후면 나는 서른한 살이 될 것이다. 그때 나는 병원에서 환자를 치료하는 의사가 되어 있을 것이다. 초등학교 다닐 때부터 의사가 되는 것이 꿈이었기 때문이다. 어릴 때는 다른 사람을 치료하고 병에 걸리지 않게 도와주는 의사 선생님이 멋지고 대단해 보였다. 커 가면서 의사라는 직업의 좋은 점을 더 많이 알게 되었다. 그 이후로 내 꿈은 의사가 되는 것이었다. 의사가 되면 아픈 사람들을 치료하고 병을 예방하기 위해 많은 노력을 할 것이다. 나는 열심히 공부하여 의사라는 나의 꿈을 실현할 것이다. 어른이 되어 꼭 의사가 되고 싶다.

① 다니엘의 꿈은 의사가 되는 것이다.

② 다니엘은 미래에 학교에서 학생들을 가르치고 싶다.

③ 다니엘은 열심히 공부하여 의사라는 꿈을 실현하고 싶다.

④ 다니엘은 병원에서 환자를 치료하는 자신의 모습을 상상하고 있다.

6. 빈칸에 알맞은 낱말을 골라 써 봅시다.

> 미래　　　　상상　　　　실현　　　　사례

상상하는 글

새로운 이야기를 생각하거나 나의 꿈이나 미래를 생각한 것을 글로 쓰면 상상하는 글이 돼요. (　　　　)하는 글을 쓰려면 다음과 같은 것들을 생각하면 도움이 되지요. '만약 내가 ~라면', '(　　　　)의 ~의 모습', '우주여행을 가게 된다면'과 같이 지금은 (　　　　)되지 않는 상황이나 지금과 반대되는 (　　　　)를 떠올려 보면 좀 더 상상이 잘 돼요.

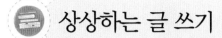 상상하는 글 쓰기

 어려운 말 익히기: 내용, 떠올려(떠올리다), 생각 그물, 형식

1. 어울리는 말을 찾아 써 봅시다.

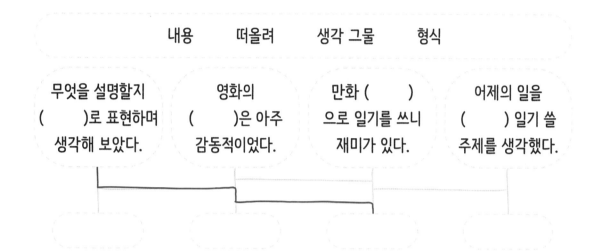

내용 　 떠올려 　 생각 그물 　 형식

| 무엇을 설명할지 ( )로 표현하며 생각해 보았다. | 영화의 ( )은 아주 감동적이었다. | 만화 ( )으로 일기를 쓰니 재미가 있다. | 어제의 일을 ( ) 일기 쓸 주제를 생각했다. |

2. 파란색으로 표시된 말의 의미를 생각하며 따라 써 봅시다.

① 글의 주제를 떠올리며 생각 그물을 만들어 보았다.

② 일기는 다양한 내용과 형식으로 쓸 수 있다.

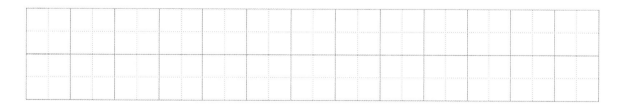

3. 일기를 쓰는 과정이에요. 그림에 맞는 내용을 연결해 봅시다.

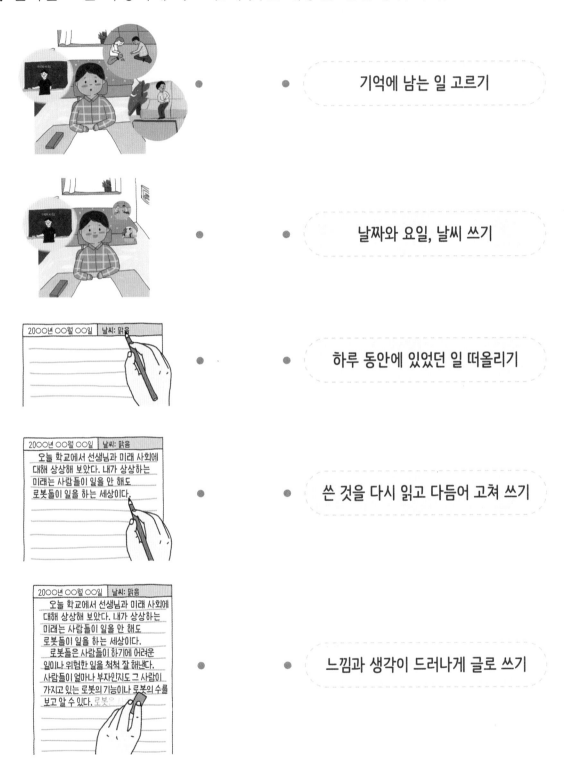

기억에 남는 일 고르기

날짜와 요일, 날씨 쓰기

하루 동안에 있었던 일 떠올리기

쓴 것을 다시 읽고 다듬어 고쳐 쓰기

느낌과 생각이 드러나게 글로 쓰기

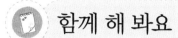
 표현해 보기

1. '상상의 동물 만들기' 놀이를 하고 있어요. 받은 카드와 상상한 동물에 대해 써 봅시다.

첫 번째 카드

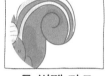
두 번째 카드

세 번째 카드

카드 설명	사슴의 뿔		
상상한 동물의 이름			
이름을 지은 이유			

2. 대화를 완성하는 말을 써 봅시다.

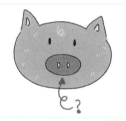  

타이선: 우리 모둠이 받은 카드는 (   ), (   ), (   ) 카드야.

서영: 함께 (   )의 동물을 그려 보자.

(그림을 그린 뒤)

준서: 이 동물의 이름을 무엇으로 지으면 좋을까?

장위: (   )는 어떨까?

타이선: 좋은 생각이야.

정답

1단원 주변을 살펴봐요

1. 궁금한 것을 관찰 주제로 정하여 발표하기

2. ① 주제와 ② 주제로 ③ 주제를

3. 1) 소리가 날 때 스피커가 조금 흔들리며 움직인다는

   2) ① 눈으로 자세히 살펴보았다(살펴봤다).
      ② 손으로 만져 보기도 했다.

4. (예) 그림에 보이는 것은 실 전화기이다. 두 개의 종이컵과 긴 끈이 보인다. 종이컵에 긴 끈이 달려 있다. 두 개의 종이컵은 긴 끈으로 연결되어 있다.

5. 필요

6. (예) 궁금한 것이 정말 많아. 생각한 것을 설명하기 어려워. 궁금한 것을 찾기 어려워. 백과사전을 보면서 정하고 싶은데, 내용이 어려워.

2. 여러 가지 관찰 방법 알아보기

1.

2. ① 생김새를 ② 대상은 ③ 도구로

3. ① 도구가 ② 생김새는 ③ 대상으로

4. ② 크기가 작은 ③ 등에 껍데기가 있는

5. 방법

3. 함께 해 봐요

1. 2번과 3번 자리에서만 움직일 수 있어요./

상대의 말을 막아서 더 이상 움직이지 못하게 하면

2. 아래로(아래쪽으로)/2번 자리로(오른쪽 위로)/흰색 말

2단원 그럴 줄 알았어

1. 낱말의 뜻을 생각하며 글을 읽기

1. 1) 배가 아픈 것 같아요. 왜냐하면
   2) ① 어떠한지 ② 어떠한

2. ① 뜻을 찾았다. ② 밑줄을 긋고

3. ① 내용
   ② (예) 선생님께서 국어 교과서의 내용을 잘 설명해 주셨다./친구가 보낸 편지의 내용이 정말 감동적이다.

2. 추리한 것을 말하기

2. ① 파악이 ② 파악하였다.

3. 비추어

4. 1) 내가 본 것, 경험한 것, 알고 있는 것
   2)
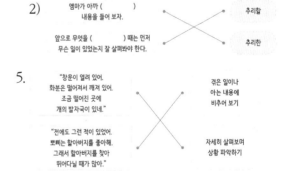

5.
(표: 비추어 보기 연결하기)

6. (예) 아주 크게 넘어진 것(넘어진 것)/움직이는 것 같아(뛰는 것 같아/가는 것 같아).

3. 함께 해 봐요

1. 1) 예 2, 7, 6이 있어요./2, 7, 6과 같은 세 가지
      숫자가 있다.
   2) 예 그 칸에는 9가 들어가요./물음표 칸에
      는 9가 들어간다.
2. 더하면/빼면

3단원   먼저 계획해요

1. 글로 쓸 내용을 적은 계획표 알아보기

2. ① 여행 계획을 세웠다.
   ② 여름 방학 계획을 세웠다.

3.
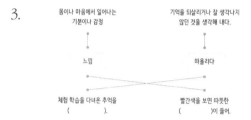

4. ① 느낌
   ② 떠올랐어
5. 1) 생각이나 느낌

   2)
   ① 경복궁을 보고 우리 궁궐이 자랑스러웠다.
   ② 경복궁에 관해 더 관심을 가져야겠다고 생각했다.
   ③ 경복궁의 대문인 광화문과 왕이 일을 하던 근정전을 보았다.

   3)
어디에서	남산골 한옥마을
무슨 일	활 만들기 체험을 했다.
생각이나 느낌	내가 만든 활을 쏴서 더 재미있었다.

2. 조사할 내용을 적은 계획표 살펴보기

1.

2. ① 조사
   ② 다양한
   ③ 주의

---

3. ① 물살
   ② 주변
4. ① 강 상류의 모습에 대해 알아봤어요.
   ② 갯벌에 대해 알아봤어요.

3. 함께 해 봐요

1. 1) ③

   2)
   ① 지진 피해를 입은 사람들의 사진을 보았어.
   ② 지진이 나면 어떻게 해야 할지 알게 되어 뿌듯했어.

2.
어디에서	과학관
무슨 일	친구들하고 지진 체험을 했다.
생각이나 느낌	지진이 나면 어떻게 해야 할지 알게 되어 뿌듯했다.

4단원   같으면서 달라요

1. 공통점과 차이점을 찾는 활동 이해하기

1. 공통점/차이점
2. ① 두발자전거와 외발자전거는 공통점이 있다
   ② 벽시계와 손목시계는 차이점이 있다.
4. ① 공통점
   ② 이동 수단
   ③ 차이점

2. 차이점을 확인하며 사물을 살펴보기

2. 쓰임새/비교
3.
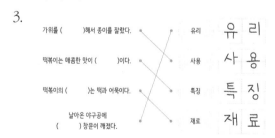

4. 사용/재료/특징
5. 2) ③
   3) 예 동그란 모양이다./운동 경기나 체육
      시간에 사용한다./축구공은 발로 찬다.

3. 함께 해 봐요

1. (예)

질문	사자와 호랑이의 공통점은 무엇입니까?
답	사자와 호랑이는 모두 동물입니다./ 사자와 호랑이는 모두 육식 동물입니다.

질문	사자와 호랑이의 차이점은 무엇입니까?
답	사자는 줄무늬가 없고, 호랑이는 줄무늬가 있습니다./ 사자는 갈기가 있고, 호랑이는 갈기가 없습니다.

2. (예) 연필과 색연필은 모두 글을 쓰거나 그림을 그릴 때 사용한다. 연필은 검은색이고, 글씨를 쓸 때 많이 사용한다. 색연필은 여러 가지 색깔이 있고 색칠할 때 많이 사용한다.

5단원   의견을 나누어요

1. 수학적 문제 해결하기

1.
문제에 대한 답이나 수, 양을 알아내다. → 구하다 [구 하 다]

사건이나 문제, 일 등을 잘 처리해 끝을 냄. → 해결 [해 결]

2. ① 구해   ② 해결   ③ 구하려면
3. ① (예) 해결했어요?/해결할 거예요?
   ② (예) 답을 구했어.
5. ① 리암이 암호를 풀었다.
   ② 다니엘이 수학 문제집을 풀었다.

2. 문제점을 찾아 해결하기

2.

3. 교통수단
4. 교통수단
6. 1) 토의
   2) ④

3. 함께 해 봐요

1. 학교 폭력 문제를 해결하려면 친구들에게 고운 말을 쓰고 아껴 줘야 해.

2.

6단원   수행 평가 하는 날

1. 여러 가지 방법으로 평가하기

2. 고르세요/골랐어요/고른
3. 평가
4. 배운 내용을 되돌아보기 위한 수행 평가입니다.

2. 수행 평가 과정 익히기

1.

2. ① 나타났어요   ② 나타나게
3. 수행 평가 범위가 어디부터 어디까지야?
5. 준비/정리/단원

3. 함께 해 봐요

1. (예) 평가: 오늘은 수행 평가를 보는 날이에요.

준비: 선생님께서 음악 시간에 무엇을 준비
    하라고 하셨어?

범위: 오늘 시험 범위는 어디부터 어디
    까지야?

2. ㉰ 미니북을 꼼꼼하게 잘 만들었구나./ 글씨를
    예쁘게 쓰고, 내용을 자세히 정리했구나.

7단원 책을 읽고 난 후

1. 이어질 내용 상상하기

1. 1) 네
   2) 네
2. ① 이어지게   ② 이어져   ③ 이어질
4. ㉰ ① 상상해 봅시다(상상해 써 봅시다).
       ② 재미있는 이야기를(옛날이야기를)
5. ㉰ 할아버지와 할머니, 고양이까지 모두 힘을
    합쳐 순무를 뽑으려고 했지만 뽑히지 않았
    어요. 온 동네의 사람들이 모여 힘을 합쳐
    당기자 아주 커다란 순무가 쑥 뽑혔어요.
    정말 큰 순무로 할머니는 맛있는 요리를
    만들어 동네 사람들과 나누어 먹었답니다.

2. 독서 기록장 쓰기

1. ① 바꾸어/꾸미고/꾸미기로
   ② 감동적/재미있는/재미있어
2. 교실 뒤를 가을 모습에서 겨울 모습으로 바꾸어
   꾸며 보아요.
3. ① 신났어   ② 많은 것을 느끼게 했어
5. 1) ㉰ 피곳 부인: 매일 혼자 청소하고 밥하고
           빨래하고… 이젠 정말 지쳤어.
           너무 힘들고 슬퍼.
       피곳 씨: 내가 그동안 너무 집안일을
           돕지 않았어. 부인에게 정말
           미안하군.

3. 함께 해 봐요

1. 1) 타이선/유키/오딜/서영
   2) ㉠ 운동화   ㉡ 생쥐
2. ㉰ 오딜: (생쥐는 시계를 꺼내 보이며) "그럼 내
        가 지금부터 시간을 재 볼게."라고
        말했어요.
    서영: (그때 지나가던 여우가) 달리기 시합
        에서 이긴 친구에게 사과를 선물로
        주겠다고 했어요.

8단원 끼리끼리 모아요

1. 기준에 따라 분류하기

1.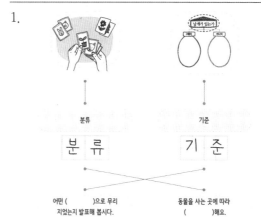
   분류   기준
   분 류   기 준
   어떤 (   )으로 무리   동물을 사는 곳에 따라
   지었는지 발표해 봅시다.   (   )해요.

2. ① 과일을 색깔에 따라 분류해요.
   ② 동물을 사는 곳에 따라 분류해요.
   ③ 사물을 모양에 따라 분류해요.
4. ① 완성   ② 완성

2. 분류의 방법으로 내용 간추리기

1.
   글이나 말에서 중요한 내용만   관련 있다
   골라 간단하게 정리하다.

   서로 영향을 주고받는 관계가 있다.   간추리다

2. ① 간추리고   ② 관련이 있다   ③ 관련 있는
   ④ 간추려서

3.
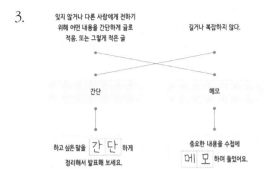

4. ㉠ 중요한 내용만 간단히 메모해 보자./간단
하게 메모하면서 읽어 보자.

6. 1) 분류

2) 사는 곳에 따라 나누었어요.

3) 사자, 호랑이, 타조, 닭

3. 함께 해 봐요

1. 1) 기준

2) 토끼, 코끼리, 사슴

2. 노란색/보라색

㉠ 노란색: 바나나, 레몬, 병아리

보라색: 포도

9단원 관찰하고 설명하고

1. 그림지도 보고 메모하기

1. 1) ① 13

② 홍학, 하마

③ 낙타/사자

④ 코끼리

2) 호랑이/곰

3. ① 해바라기

② 키가 크고 꽃도 아주 크다.

③ ㉠ 해바라기에 대해서 동생에게도 말해
주고 싶었습니다./집에 돌아가서 동생
에게 해바라기 이야기를 해 주려고.

2. 화석 사진 보고 설명하기

1.
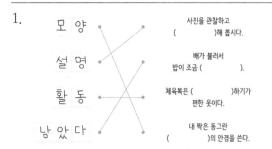

2. ① 설명

② 활동

③ 남아

④ 모양

3. 특징

4. 특징

5. 1) 벌레/다리/달팽이/줄

2) ㉠ 삼엽충은 벌레하고 비슷하게 생겼다.
그리고 몸이 길고 다리가 아주 많다.
암모나이트는 달팽이 같은 모양이고 여러
개의 줄이 있다.

3. 함께 해 봐요

1. 네/커/짧아/점

2. 네/커/길어/길어

10단원 알아맞히기

1. 인물의 마음 짐작하기

1. 발생

3.
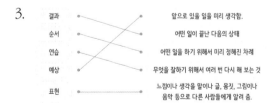

4. 순서/연습/예상/결과/표현

2. 그림 보고 예상하기

1.

어떤 사물이나 상태가 이전보다 더 좋아지는 것	바탕 바 탕
어떤 사물을 만들거나 일을 하는 기본적인 밑받침	발달 발 달

2.

그 영화는	글의 내용을 짐작할 수 있다.
그림을 바탕으로	시간 여행도 할 수 있을 것이다.
과학이 더 발달하면	교통이 발달한 지역이기도 하다.
도시는 사람들이 많이 모여 사는 곳이며	진짜 이야기를 바탕으로 만들어졌다.

① 그 영화는 진짜 이야기를 바탕으로 만들어졌다.

② 그림을 바탕으로 글의 내용을 짐작할 수 있다.

③ 과학이 더 발달하면 시간 여행도 할 수 있을 것이다.

④ 도시는 사람들이 많이 모여 사는 곳이며 교통이 발달한 지역이기도 하다.

3. ① ㉠ 주제

　② ㉡ 연결

4. ① 주제/연결

　② 연결/주제

5. 1) ② 공원을 산책하는

　　③ 마트에 물건을 사러 가는 그림 같습니다.

　　④ 회사에 일하러 가는 그림 같습니다.

　2) 무엇을 하며 살아가는지/도시에 어떤 것들이 있는지

3. 함께 해 봐요

1. ⑳ 사람보다 커요?/발이 네 개예요?/꼬리가 길어요?/뿔이 있어요?/몸에 무늬가 있어요?/동물원에 있어요?/달리기가 빨라요?

2. ③

11단원　조사한 것을 써요

1. 명절 조사하기

1. ① 자료

② 기록

2. ① 개미 관찰 결과를 관찰 일기에 기록했다.

　② 나뭇잎 관찰 결과를 활동지에 기록했다.

3.

어떤 일이나 사물의 내용을 알기 위하여 자세히 살펴보거나 찾아봄.	조사 조 사
설이나 추석 등 해마다 일정하게 돌아와 전통적으로 즐기거나 기념하는 날	명절 명 절

4. ① 조사

② 명절

5. 1) 조사 방법, 조사 내용, 붙이는 자료

　2) 인터넷 자료 찾기

　3) ①, ③

2. 조사하는 글 쓰기

1. ① 정하는

② 작성한

3. 1) ④

　2) 다니엘

3. 함께 해 봐요

1. 생일/과목/친구

2. ① 좋아하는 과목이 뭐야?

　② 나는 반짝반짝 작은 별을 좋아해.

12단원　비교해서 알아요

1. 물체의 무게를 비교하여 말하기

1. ① 실험

② 비슷하다

2. ① 비슷하다

② 실험

3.

코끼리의 (　　)는 얼마나 될까?	무게 무 게
과자의 모양은 (　　)이다.	여러 가지 여 러 가 지

2. 여러 가지 모습을 비교해서 살펴보기

1. ① 다르다
   ② 달라지다
   ③ 변화
2. 다른/달라졌어/변화
3.
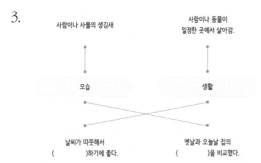
4. ① 생활
   ② 모습
5. 초가집과 아파트
6. 예 옛날과 오늘날 결혼식에 모인 사람들은 모두 결혼을 축하한다. 하지만 옛날과 오늘날의 결혼식 모습이 달라졌다. 옛날에는 신부의 집에서 결혼식을 했고, 오늘날에는 결혼식장에서 결혼식을 한다. 옛날에는 결혼식을 할 때 한복을 입었고, 오늘날에는 턱시도와 드레스를 입는다.

3. 함께 해 봐요

1. 1) ①
   2) 예 과자 상자야./투표함이야.
2. ① 예 개나리와 병아리는 둘 다 노란색이야./사과와 딸기는 모두 빨간색이야.
   ② 우리 주변에서 모양이 다른 것을 찾아봐.

13단원 부분으로 나누어 보면

1. 자료를 부분으로 나누어 살펴보기

1. 구별/연결

2.

3.

4. 예 ① (컴퓨터에 많은) 자료들이 있어요./컴퓨터에 많은 자료를 저장할 수 있어요.
   ② (과일의) 부분을 자세히 살펴보자./과일의 부분을 돋보기로 자세히 볼까?
   ③ (색종이를 네 조각으로) 나누어 꽃잎을 접어 보아요./색종이를 네 조각으로 나누어 보세요.
6. 예 둥글고 초록색이에요.

2. 글을 부분으로 나누어 읽기

1. 구분/역할
2. ① 역할을 맡다.
   ② 역할을 나누다.
   ③ 내용을 구분하다.
3.
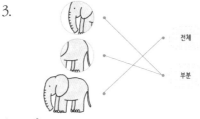
4. 소개
5. 소개/전체

3. 함께 해 봐요

1. 예 나는 축구를 잘한다./나는 노래를 잘한다.

㉮ 나는 여동생이 있다./나는 형이 없다.

㉯ 나는 피자를 좋아한다./나는 컴퓨터 게임을 좋아한다.

㉰ 나는 바나나를 싫어한다./나는 피구를 싫어한다.

14단원 함께 생각해요

1. 작품을 보고 의견 말하기

1. 장단점

3.

4. ① 작품의 잘된 점과 고칠 점을 찾아봅시다.
   ② 각 놀이의 장단점을 비교해 보았다.

5. 고칠 점/좋은 점

6. 1) 평가
   2) 찾은

2. 의견이 적절한지 생각해 보기

1.

2. ㉠ 적절한
   ㉡ 고려
   ㉢ 판단

3.
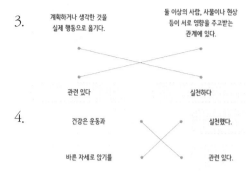

4.
건강은 운동과 ——— 실천했다.
바른 자세로 앉기를 ——— 관련 있다.

① 건강은 운동과 관련 있다.
② 바른 자세로 앉기를 실천했다.

3. 함께 해 봐요

1.

2. 적절해/판단했어/적절하지 않아/판단했어

15단원 이렇게 해결해요

1. 과학적 문제 해결하기

1.
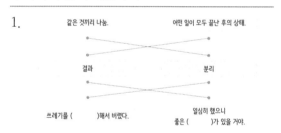

2. 쓰레기를 분리해서 버렸다./열심히 했으니 좋은 결과가 있을 거야.

3.
과 정
성 질
어 울 리 다

4. ㉠ 어울리는
   ㉡ 성질

5. ㉠-㉢-㉣-㉡

6.

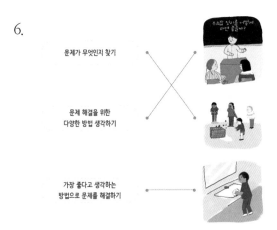

문제가 무엇인지 찾기

문제 해결을 위한
다양한 방법 생각하기

가장 좋다고 생각하는
방법으로 문제를 해결하기

2. 해결 방법을 제안하는 글 쓰기

1.

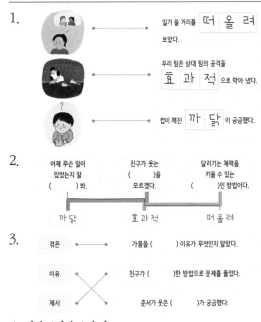

일기 쓸 거리를 떠 올 려 보았다.

우리 팀은 상대 팀의 공격을 효 과 적 으로 막아 냈다.

컵이 깨진 까 닭 이 궁금했다.

2.
| 어제 무슨 일이 있었는지 잘 ( )봐. | 친구가 웃는 ( )을 모르겠다. | 달리기는 체력을 키울 수 있는 ( )인 방법이다. |

까 닭   효 과 적   떠 올 려

3.

겪은 ●   ● 가움을 ( ) 이유가 무엇인지 알았다.

이유 ●   ● 친구가 ( )한 방법으로 문제를 풀었다.

제시 ●   ● 준서가 웃은 ( )가 궁금했다.

4. 이유/겪은/제시

3. 함께 해 봐요

1. 예 복도에서 뛰지 말아야 한다./복도에서 뛰면
친구와 부딪쳐서 다칠 수 있기 때문이다.

2. 왜냐하면/제시/까닭

16단원   나의 꿈

1. 미래의 나 상상하기

1.
실 현 ●   ● 꿈이나 계획 등을 실제로 이룸.

상 상 ●   ● 앞으로 올 때

미 래 ●   ● 실제로 없는 것이나 경험하지 않은 것을 생각해 봄.

2. 상상했다/미래/실현

3. 좋은 점/사례

4. ① 사례
② 좋은 점

5. ②

6. 상상/미래/실현/사례

2. 상상하는 글 쓰기

1.
| 무엇을 설명할지 ( )로 표현하며 생각해 보았다. | 영화의 ( )은 아주 감동적이었다. | 만화 ( ) 으로 일기를 쓰니 재미가 있다. | 어제의 일을 ( ) 일기 쓸 주제를 생각했다. |

형 식   떠 올 려   생각 그물   내 용

3.

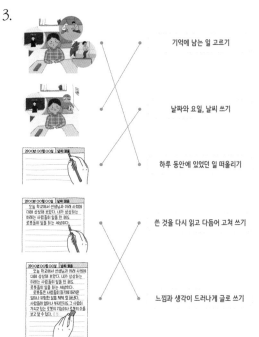

기억에 남는 일 고르기

날짜와 요일, 날씨 쓰기

하루 동안에 있었던 일 떠올리기

쓴 것을 다시 읽고 다듬어 고쳐 쓰기

느낌과 생각이 드러나게 글로 쓰기

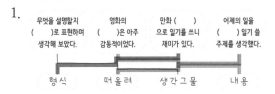

3. 함께 해 봐요

1. 다람쥐의 꼬리/코끼리의 다리
   ㉠ 사다리
   ㉡ 사슴의 뿔, 다람쥐의 꼬리, 코끼리의 다리를
      합친 동물이어서 동물의 이름 중 한 글자를
      따서 상상의 동물 이름을 만들었어.
2. 돼지의 코, 뱀의 꼬리, 토끼의 귀/상상/
   ㉠ 토뱀지

기획·담당 연구원 ——

정혜선 국립국어원 학예연구사
이승지 국립국어원 연구원
박지수 국립국어원 연구원

집필진 ——

책임 집필
이병규 서울교육대학교 국어교육과 교수

공동 집필
박지순 연세대학교 글로벌인재학부 교수
손희연 서울교육대학교 국어교육과 교수
안찬원 서울창도초등학교 교사
오경숙 서강대학교 전인교육원 교수
이효정 국민대학교 교양대학 교수
김세현 서울명신초등학교 교사
김정은 서울가원초등학교 교사
박유현 연세대학교 언어연구교육원 한국어학당 강사

박지현 연세대학교 언어연구교육원 한국어학당 강사
박혜연 서울교대부설초등학교 교사
신윤정 서울도림초등학교 교사
신현진 서울강동초등학교 교사
이은경 세종사이버대학교 한국어학과 교수
이현진 서울천일초등학교 교사
조인옥 연세대학교 언어연구교육원 한국어학당 교수
강수연 서울구로중학교 다문화이중언어 교원

초등학생을 위한
표준 한국어 익힘책
학습 도구 3~4학년

ⓒ 국립국어원 기획 | 이병규 외 집필

초판 1쇄 인쇄 | 2020년 1월 28일
초판 2쇄 발행 | 2022년 5월 4일

기획 | 국립국어원
지은이 | 이병규 외
발행인 | 정은영
책임 편집 | 한미경
디자인 | 디자인붐, 이경진, 정혜미, 박현정
일러스트 | 우민혜, 민효인, 김채원, 고굼씨

펴낸 곳 | 마리북스
출판 등록 | 제2019-000292호
주소 | (04037) 서울특별시 마포구 양화로 59 화승리버스텔 503호
전화 | 02)336-0729   팩스 | 070)7610-2870
이메일 | mari@maribooks.com
인쇄 | 지엠프린테크(주)

ISBN 979-11-89943-28-8 (64710)
      979-11-89943-12-7 (set)